JOHN BEVERE

ACCESO DENEGADO

PROHIBIDO EL PASO AL ENEMIGO

CASA
CREACIÓN
Para vivir la Palabra

Para vivir la Palabra

MANTÉNGANSE ALERTA;
PERMANEZCAN FIRMES EN LA FE;
SEAN VALIENTES Y FUERTES.
—1 CORINTIOS 16:13 (NVI)

Prohibido el paso al enemigo por John Bevere
Publicado por Casa Creación
Miami, Florida
www.casacreacion.com
©2006-2022 Derechos reservados

Library of Congress Control Number: 2006933040
ISBN: 978-1-59185-977-2
E-book ISBN: 978-1-955682-70-1

Desarrollo editorial: *Grupo Nivel Uno, Inc.*
Adaptación de diseño interior y portada: *Grupo Nivel Uno, Inc.*

Publicado originalmente en inglés bajo el título:
    Enemy Acces Denied
    Publicado por Charisma House,
    Lake Mary, FL 32746 USA
    Copyright © 1996, 2006 John Bevere
    Todos los derechos reservados.

Nota de la editorial: Aunque el autor hizo todo lo posible por proveer teléfonos y páginas
de internet correctos al momento de la publicación de este libro, ni la editorial ni el autor se
responsabilizan por errores o cambios que puedan surgir luego de haberse publicado.

Impreso en Colombia

22 23 24 25 26 LBS 9 8 7 6 5 4 3 2 1

RECONOCIMIENTOS

Quisiera reconocer y expresar mi agradecimiento a las siguientes personas, ellas impactaron mi vida:

Mis padres, John y Kay Bevere, por vivir una vida santa delante de mí.

Mi querida esposa, Lisa, que al lado del Señor es la persona más cercana a mi vida. Me has demostrado integridad, sabiduría, amor y fidelidad. Estaré siempre agradecido al Señor por ti.

Mis cuatro hijos, Addison, Austin, Alexander y Arden, que continuamente me recuerdan la bondad de Dios. Cada uno de ustedes es un preciado regalo para mí.

Nuestra junta directiva, por su consejo y sabiduría piadosa.

Nuestro personal, por su apoyo y ayuda fiel. Lisa y yo les amamos a cada uno de ustedes.

Al Brice, que ha pastoreado y hablado santa sabiduría a nuestra familia y ministerio.

Stephen y Joy Strang, que creyeron los mensajes que Dios nos da a Lisa y a mí y los publican.

Al personal completo de Casa Creación. Son grandiosos, es divertido trabajar con ustedes.

Mis muchos amigos pastorales y personales que nos han animado a Lisa y a mí a echar adelante el alto llamado.

Más que todo estoy eternamente agradecido a mi Señor Jesucristo, que nos ha redimido con Su propia sangre. Eres verdaderamente maravilloso.

CONTENIDO

INTRODUCCIÓN

He aquí una puerta a nuestras almas, un pasaje por donde nuestro enemigo puede ganar acceso. La presencia de este portal pasa inadvertida para muchos, pero es ampliamente conocida en el reino del espíritu. Esta puerta se mantiene entreabierta entre la luz y la oscuridad, con una historia tan antigua como los hijos de Adán.

Bajo la divina ley de Dios, nuestro enemigo está restringido al reino de la oscuridad. Como creyentes, somos librados de esos poderes de las tinieblas. Pero si esta puerta se abre, Satanás y sus séquitos tienen asegurada la entrada legítima. Su objetivo: controlar áreas de nuestras vidas. Esto siempre resulta en robo, destrucción y pérdida de libertad. Lo cual puede significar nuestras vidas.

Jesús llamó a estos portales "puertas". Sus palabras exactas fueron "las puertas del Hades" (Mateo 16:18). ¡También dijo que se había ganado las llaves que las cerraban y las aseguraban bien (Apocalipsis 1:18)! Pero, ¿cómo podemos cerrar estas puertas a nuestras vidas, mucho menos asegurarlas, especialmente si estamos poco conscientes de su existencia?

Como soldado sabio, considere por un momento la manera en que piensa su adversario. Suponga que usted es un adversario del mal con acceso irrestricto e indetectable a un edificio. Usted viene y va según su voluntad, deslizándose adentro para robar a su antojo. Disfruta de su condición, así que ¿qué hace para asegurar su posición y acceso a este edificio? ¿Cómo mantiene su ventaja? Usted hace un gran esfuerzo por asegurarse de que el dueño nunca detecte su actividad, porque una vez que se descubra su presencia será echado fuera.

¡Ese es exactamente el plan de Satanás! Si puede mantenerle ignorante, mantiene su acceso. Dios dice:

> Por tanto, mi pueblo fue llevado cautivo, porque no tuvo conocimiento.
>
> —Isaías 5:13

La ignorancia cobra un gran precio. Pero no tenemos que permanecer ignorantes. Este libro arroja luz sobre ese engaño, exponiéndolo para que usted pueda cerrar y asegurar la puerta al diablo de forma permanente.

Este es el tercer libro en una serie que Dios me ha guiado a escribir que expone las trampas que tiende nuestro enemigo. El primero es *La trampa de Satanás*, que muestra cómo el enemigo captura a los creyentes con la trampa de la ofensa. Aunque una persona no haya hecho nada para merecer el mal que le hacen, aun así llega a ser cautivo si no perdona a su ofensor.

El segundo, *Quebrando la intimidación*, muestra cómo el temor del hombre paraliza a los creyentes, haciendo que el don de Dios en sus vidas caiga en el letargo debido al poder controlador de la intimidación.

El tercero, *Prohibido el paso al enemigo*, expone la raíz de todas las vías de control del enemigo en la vida del creyente. No puedo exagerar la importancia de este mensaje. Creo que debería ser leído por todos los que claman en el nombre de Jesús. No digo esto porque lo haya escrito yo, sino debido a la verdad de la Palabra de Dios planteada en él. Me apresuro a admitir que la sabiduría que contiene esta obra no es mía. Mientras la escribía estaba agudamente consciente de la mano de Dios sobre mí. En ocasiones mi corazón literalmente ardió mientras escribía. Yo estaba cada vez más consciente de lo impresionante que es Dios. Bajo esta revelación mi amor por Él aumentó. Es mi oración que lo mismo suceda mientras usted lee.

Este libro no está limitado a darle luz por vía de la instrucción. También imparte una advertencia. Quizás no grite ni baile a medida que lea algunas secciones, sin embargo su sabiduría podría ahorrarle agonía posteriormente. Los conceptos se construyen sobre sí, de modo que es crucial que lea esta obra en el orden en que fue escrita. Los primeros cuatro capítulos sientan una base sólida e importante mientras que los últimos edifican sobre ella. Usted perderá el impacto de uno sin el otro.

En este punto me gustaría unirme a usted en oración antes de que lea:

> *Padre, en el nombre de Jesús, reconozco mi dependencia de tu Espíritu Santo para entender tus caminos y tu Palabra. Te pido que me reveles tu corazón y voluntad mientras leo. Dame oídos para escuchar, ojos para ver y un corazón para percibir y entender lo que el Espíritu de Dios está diciendo. Permíteme no sólo escuchar, sino también que mi vida sea transformada por la obra de tu Espíritu. Y a medida que cierro la página final, que sea capaz de decir verdaderamente que nunca más seré el mismo. Te doy toda alabanza, gloria, honor y acción de gracias por lo que estoy a punto de recibir, ¡Amén!*

Que la gracia de Dios nuestro Padre y nuestro Señor Jesucristo esté con usted.

LA PUERTA
DEL DIABLO

EN EL REINO DEL DESCUIDO Y LA IGNORANCIA HASTA LOS CREYENTES CAEN COMO PRESAS

Imagínese en un vecindario inundado con violencia y crimen. No pasa un día sin noticias escalofriantes de asesinato, violación o secuestro. Su hogar es acosado por un agresor peligroso que se oculta en algún lugar en la oscuridad esperando el momento en que pueda escurrirse adentro y sorprenderlo. Él desea tomarle a usted y a sus amados como rehenes, saquear y destruir sus posesiones y mutilar a los que usted ama. Quizás hasta asesine a alguien. Usted no puede convencerlo de lo contrario rogando, suplicando ni llorando. Él es su enemigo jurado y está determinado a destruirle.

A la luz de todo esto, ¿olvidaría usted cerrar con seguro su puerta del frente? ¡Por supuesto que no!

Es más, ¿Soñaría con retirarse una noche con su puerta principal no sólo sin seguro sino abierta de par en par? ¡Claro que no! Lo absurdo de esto es casi ofensivo, sin embargo incontables personas hacen exactamente eso. Pero no es la puerta de una casa la que dejan abierta, sino la de sus almas.

Lo he presenciado de primera mano. Los he reconocido sentados en las iglesias donde he hablado. La ubicación de estas congregaciones no es lo importante. He visto a esos descuidados y poco preparados creyentes de todos los caminos de la vida, ingreso y cultura. Están tanto en el extranjero como en la localidad. Son los educados y los ignorantes.

Pero todos tienen una cosa en común: Son víctimas de un adversario sabio y astuto que les ha puesto bajo su controladora maldición. ¿Cómo? ¡Le dejaron la puerta *al diablo abierta*!

Este libro no es acerca de brujas ni conjuros. Tampoco trata de prácticas ocultas de astrología, lectura de manos o tablas de Ouija. Todo eso son evidentemente invitaciones abiertas al reino demoníaco. La mayoría de los creyentes nunca se meterían en ello abiertamente. No, yo hablo de algo mucho más sutil. Esto opera en el reino del descuido y la ignorancia. En esa esfera nebulosa, hasta los creyentes caen presa.

Este no es un fenómeno nuevo ni único de nuestra generación. Es tan antiguo como el diablo mismo. Es la iniquidad la que causó la caída de la Estrella de la Mañana, Lucifer, y descolocó a un tercio de los ángeles del cielo. Es la rebelión, que es desobediencia a la autoridad de Dios.

En este punto usted puede haber soltado un suspiro de alivio: "¡Ahhh. Esto no es conmigo. No soy ni rebelde ni desobediente". ¡No tan rápido! Se sorprenderá. Satanás no es tonto. Él y sus huestes son muy astutos y hábiles. La mayoría de los creyentes no se zambullen voluntariamente en la desobediencia; más bien, caen en ella por medio del engaño.

Estoy seguro de que desea saber de este engaño y que quiere proteger y salvaguardar su hogar, su vida y su familia. Este libro es escrito como una advertencia para su protección. Contiene verdades que descubren el engaño y que pudieran salvar su vida.

DÍAS DE ENGAÑO

Satanás es el maestro del engaño. Jesús dijo que no sólo era un engañador sino que era el mismo padre del engaño (Juan 8:44). También nos advirtió que sus ilusiones y engaños vendrían a ser tan fuertes en los últimos días que si era posible hasta los elegidos caerían presa de ellos (Mateo 24:24). Ahora vivimos en esos días. Examine el ruego apasionado de Pablo a la iglesia de los corintios:

> Porque os celo con celo de Dios; pues os he desposado con un solo esposo, para presentaros como una virgen pura a Cristo. Pero temo que como la serpiente con su astucia engañó a Eva, vuestros sentidos sean de alguna manera extraviados de la sincera fidelidad a Cristo.
>
> —2 Corintios 11:2-3

Pablo comparó la vulnerabilidad del creyente a la mentira con el engaño que sufrió Eva. Esta fue seducida a desobedecer. (Ver Génesis 3:13.) Pero con Adán la historia fue diferente. "Adán no fue engañado" (1 Timoteo 2:14). Refiriéndose a la naturaleza de la transgresión de Adán, las Escrituras dicen: "Porque así como por la *desobediencia* de uno solo muchos fueron constituidos pecadores" (Romanos 5:19, NVI, énfasis agregado). Eva fue seducida a desobedecer, pero Adán sabía exactamente lo que estaba haciendo.

He visto algunas personas en la iglesia transgredir las órdenes de Dios con sus ojos bien abiertos, completamente conscientes de lo que están haciendo. Ellos no son engañados, sino que cometen suicidio espiritual. Estas personas son difíciles de alcanzar.

Pero la mayoría de los desobedientes, como Eva, son engañados mediante la ignorancia. Mi llanto es por esos oprimidos. A través del conocimiento de la verdad, el enemigo puede ser apartado.

TERGIVERSÓ LA PALABRA DE DIOS

Así que veamos cómo Satán pudo engañar a Eva. Esta no parecía una persona susceptible al engaño. Ella vivía en un ambiente completamente perfecto. Ninguna autoridad había abusado de ella. No había ninguna mala experiencia con un padre, jefe o ministro. Ella vivía en un floreciente jardín libre de la influencia u opresión demoníaca. Sólo había conocido la bondad y la provisión de Dios mientras caminaba y hablaba en Su presencia. Así que ¿cómo fue capaz de engañarla la serpiente?

Dios ordenó: "Y mandó Jehová Dios al hombre, diciendo: De todo árbol del huerto podrás comer; mas del árbol de la ciencia del bien y del mal no comerás; porque el día que de él comieres, ciertamente morirás" (Génesis 2:16-17).

La bondad de Dios hizo provisión: "Pueden comer libremente," pero Su autoridad restringió lo siguiente: "excepto del árbol del conocimiento del bien y del mal". Dios hizo énfasis en la libertad que tenían de comer de todo árbol con excepción de uno.

La misma esencia de Dios es amar y dar. Él deseaba compañías en Su jardín que lo amaran y lo obedecieran. Él no quería robots sin libertad de elección. Anhelaba hijos hechos a su imagen con libre albedrío. Cuando restringió su acceso al árbol proveyó una opción que les protegía de la muerte. Implicaba la voluntad de ellos: ¿Confiarían y obedecerían? Sin una orden no hay opción.

Ahora examinemos las palabras de la serpiente. "¿Conque Dios os ha dicho: No comáis de todo árbol del huerto?" (Génesis 3:1).

La serpiente ignoró la generosidad de Dios y enfatizó la excepción, implicando así que algo se le estaba negando a Eva. Con una simple pregunta distorsionó la orden protectora de Dios en una negación injusta de lo que era bueno. ¿Puede escuchar el sarcasmo en su voz mientras preguntaba: Conque Dios os ha dicho: No comáis de todo árbol del huerto? Él consiguió hacerles ver a Dios como alguien que *quita*, y no como el *Dador* que es.

Satanás inclinó a Eva por una senda de razonamiento en la que hasta cuestionaría la bondad y la integridad de Dios.

Una vez que lo logró, fue un paso pequeño volverla contra la autoridad divina.

UN ATAQUE A LA AUTORIDAD DE DIOS

Satanás es astuto; él estaba tras el fundamento mismo de la autoridad de Dios. Logrando que el Señor pareciera injusto, la serpiente podría atacar el dominio de Dios en la mente de Eva. "Justicia y juicio *son el cimiento* de su trono" (Salmo 97:2, énfasis agregado).

Aunque Eva corrigió a la serpiente, la semilla de duda en la bondad de Dios fue sembrada en ella. "Del fruto de los árboles del huerto podemos comer; pero del fruto del árbol que está en medio del huerto dijo Dios: No comeréis de él, ni le tocaréis, para que no muráis" (Génesis 3:2-3).

Aun mientras respondía, es bastante probable que se preguntara acerca de la bondad de Dios. *No estoy segura en cuanto a por qué no podemos comer de ese árbol. ¿Cómo nos podría hacer daño? ¿Qué hay en él que sea tan malo para nosotros?* Con estas dudas emergentes estaba dispuesta a cuestionar la autoridad de Dios.

La serpiente aprovechó la oportunidad para atacar la autoridad, veracidad e integridad de Dios contradiciéndolo intensamente. "Entonces la serpiente dijo a la mujer: No moriréis; sino que sabe Dios que el día que comáis de él, serán abiertos vuestros ojos, y seréis como Dios, sabiendo el bien y el mal" (Génesis 3:4-5).

El maestro del engaño socavó el fundamento de la lealtad de Eva a Dios y le aseguró que no moriría. Entonces rápidamente continuó su contradicción con este razonamiento: "En vez de morir ustedes vendrán a ser más como Dios. Serán sabios y capaces de elegir por sí mismos entre el bien y el mal. Por lo tanto ya no estarán más sujetos a Él ni a sus injustas órdenes".

EL RAZONAMIENTO QUE
CUESTIONA LA SUMISIÓN

¡Eva estaba sorprendida! Ahora se preguntaba: *¿Es esta la razón por la que Dios me prohibió esta fruta?* Miró al árbol otra vez pero esta desde otra perspectiva. Contempló lo que le era negado. Juzgó el fruto como bueno y placentero, no malo ni dañino. Y razonó: *Seguramente es deseable y nos hará sabios. ¿Por qué debería negarme a mí misma el fruto que es tan bueno para nosotros?*

Este razonamiento le impidió ver todo lo demás a su alrededor. Olvidó la abundante bondad y se concentró en el solitario árbol. Y pensó: *Dios nos ha prohibido esto. Pudo haber sido nuestro hace mucho. ¿Por qué lo hizo? ¿Qué más nos ha negado?*

Con el fundamento del carácter, la integridad y la bondad de Dios en duda, no quedaba ninguna razón para someterse a Su autoridad. Voluntad propia o rebelión era el próximo paso. Eva tiró del fruto, lo comió y dio un poco a su esposo.

De inmediato sus ojos fueron abiertos. Estaban desnudos. Su desobediencia trajo muerte espiritual. Al usurpar la palabra de Dios y someterse a Satanás, abrieron la puerta del diablo, y este se convirtió en su nuevo maestro. Ellos le aseguraron no sólo acceso a sus vidas sino también entrada al mundo. Pablo lo explicó de esta manera: "Por tanto, como el pecado entró en el mundo por un hombre, y por el pecado la muerte, así la muerte pasó a todos los hombres" (Romanos 5:12).

Este acto de desobediencia produjo destrucción, pecado y enfermedad, una lista que se ha multiplicado y empeorado más con cada generación. Su rebelión abrió la puerta de par en par al dominio y la destrucción de Satanás. Este aprovechó completamente la oportunidad para ser como Dios, aunque no sujeto a Él. Esclavizando a la creación de Dios, se entronizó a sí mismo.

Hoy no es diferente

El modo en que Satanás opera hoy difiere muy poco. Todavía desea pervertir el carácter de Dios con el fin de volvernos contra Su autoridad.

> Amados hermanos míos, no erréis. Toda buena dádiva y todo don perfecto desciende de lo alto, del Padre de las luces, en el cual no hay mudanza, ni sombra de variación.
>
> —Santiago 1:16-17

Esto debe establecer en su corazón que no hay nada bueno fuera del reino de la voluntad de Dios. Santiago demuestra que uno puede ser engañado si cree que hay algo bueno fuera de la provisión de Dios. Considere cuidadosamente nuestra discusión. Sin importar cuán bien luzca, sepa, o se sienta... sin importar cuán rico, abundante, sabio o exitoso le haga a usted... si no viene de Dios, finalmente le llevará a una intensa pena y terminará en muerte. Toda buena dádiva y todo don perfecto provienen de Dios. No hay otra fuente. Abrace esta verdad y establézcala en su corazón. ¡No permita que las apariencias le engañen! Si Eva hubiese seguido esta amonestación nunca habría sido convencida. Pero al contrario, miró más allá del reino de la provisión de Dios para satisfacer sus deseos.

¿Cuántas personas hoy se casan con la persona equivocada por las razones erradas? Dios puede haberles advertido a través de sus padres o su pastor, o puede haberles demostrado en sus propios corazones que estaban tomando una mala decisión. Pero su propio razonamiento ahogó esas otras voces porque la persona que deseaban parecía buena como compañera, era agradable a la vista, y parecía ser sabia para ayudarles a tomar decisiones. Finalmente eligieron su voluntad más que la de Dios. Más tarde sufren mucho por su mal juicio.

Muchos desobedecen la voluntad de Dios porque están seducidos por lo bueno y placentero. Quizás sea un medio de prosperidad o éxito fuera del consejo de la Palabra de Dios. Persiguen sus propios deseos y encuentran diversión, felicidad, o emoción por un tiempo. Encuentran bien en lo que Dios ha dicho que no. ¡Creen que Dios les niega todo lo atractivo o divertido! Piensan que Él no entiende sus necesidades e ignora la importancia de sus deseos. Creen que Dios es infiel porque no contesta sus oraciones cuando ellos esperan que las conteste. El razonamiento pregunta: *¿Por qué esperar la respuesta de Dios? ¡Toma lo bueno y placentero ahora!*

DOS SITUACIONES SIMILARES, DOS RESPUESTAS DIFERENTES

Considere a Jesús. Estuvo en el desierto durante cuarenta días y sus noches. No tenía ni agua, ni comida, ni comodidad. El hambre le azotaba ya que Su cuerpo estaba casi por morir de inanición. Si no obtenía comida y agua pronto, moriría. Pero ¿qué vino primero, la provisión o la tentación?

En este punto Satanás vino para tentarlo: "Si eres Hijo de Dios, di que estas piedras se conviertan en pan" (Mateo 4:3). Tal como con Eva, Satanás cuestionó lo que Dios dijo muchos años antes cuando declaró abiertamente que Jesús era Su Hijo en las orillas del Jordán.

Satanás intentó distorsionar el carácter de Dios. "¿Por qué te trajo aquí para morir de hambre? ¿Por qué no te provee? Quizás es tiempo de que comiences a proveerte tú mismo. Si no te alimentas, pronto morirás o terminarás con problemas físicos severos permanentes. Usa tu autoridad para servirte. Convierte en pan estas piedras".

Los hijos de Israel enfrentaron este mismo dilema después que dejaron Egipto y siguieron a Dios en el desierto: se les acabó la comida. Después de sólo tres días, pensaron que Dios les había abandonado a la muerte. Así que comenzaron a quejarse. Razonaron que era mejor para ellos haber muerto como esclavos bajo la opresión de los egipcios. Por lo menos allá tenían comida (Éxodo 16). Pensaron que Dios les había engañado llevándolos al desierto para morir de hambre. En su opinión, Dios se les estaba resistiendo. ¡Qué engañados estaban!

Sus quejas verbales eran la manifestación externa de sus corazones ingobernables. Estaban dispuestos a someterse al Faraón más que a la autoridad de Dios. Obedecerían a cualquiera que hiciera lo mejor para ellos. Dudaron del carácter de Dios. No querían seguir la dirección de Dios porque requería que confiaran en Él. Eran fácilmente engañados a no someterse a Su autoridad. Esa actitud les costaría más tarde la Tierra Prometida. Y les condujo a la rebelión.

A diferencia de los israelitas, Jesús se negó a sí mismo y esperó por la provisión divina. No permitiría que el enemigo pervirtiera el carácter de Dios en Su mente. Él sabía que Su Padre proveería para sus necesidades. Así que permanecería sometido a la autoridad de Dios sin importar lo poco placentero que fuera por el momento. Resistió la tentación satánica para tomar las cosas en Sus propias manos; por lo que "El diablo entonces le dejó; y he aquí vinieron ángeles y le servían" (Mateo 4:11). ¿Por qué?

> Cristo, en los días de su carne, ofreciendo ruegos y súplicas con gran clamor y lágrimas al que le podía librar de la muerte, fue oído a causa de su temor reverente. Y aunque era Hijo, por lo que padeció aprendió la obediencia.
>
> —Hebreos 5:7-8

Dios le escuchó por causa de Su temor reverente. Él no dudó de la bondad divina. De cara a gran tentación y a intenso sufrimiento, más aun de lo que cualquier otro haya experimentado, eligió obedecer aunque eso significara sufrimiento. Este tipo de obediencia y sumisión bloqueó todas las incursiones del enemigo a Su vida. Satanás no tenía acceso o entrada. La puerta del diablo permaneció cerrada. Jesús vivió en perfecta obediencia a Su Padre; por lo tanto, podía testificar la noche de Su muerte:

> No hablaré ya mucho con vosotros; porque viene el príncipe de este mundo, y él nada tiene en mí. Mas para que el mundo conozca que amo al Padre, y como el Padre me mandó, así hago.
>
> —Juan 14:30-31

Jesús habló de obediencia cuando declaró que el príncipe de este mundo, Satanás, no encontró nada en Él. A través de la perfecta obediencia a Su Padre, la puerta se mantuvo cerrada seguramente contra Satanás. ¡Jesús fue encontrado libre de culpa!

DOS PRINCIPIOS UNIVERSALES IMPORTANTES

Hemos establecido dos principios universales importantes.

1. La obediencia mantiene la puerta del diablo cerrada, negándole la entrada franca.
2. La desobediencia abre la puerta de par en par, dándole entrada franca.

Estos principios son fáciles de aceptar aunque difíciles de vivir, sobre todo en la cultura actual en la que abunda la iniquidad.

El mensaje de este libro es extremadamente importante para cada creyente. Contiene la sabiduría de Dios acerca de cómo evitar el engaño. Muestra lo que sucede una vez que esta puerta está abierta y da entendimiento para conocer si el enemigo ha logrado hacer su entrada. ¡Esta obra le dice cómo cerrar la puerta y mantenerla cerrada! También veremos los grandes beneficios de vivir en obediencia, que es el plan de Dios para ayudarnos a caminar con gran fe y bajo la autoridad del reino.

2

EL SACRIFICIO QUE SEDUCE

LA DESOBEDIENCIA COMUNICA A QUIENES NOS RODEAN QUE SABEMOS MÁS QUE DIOS

La desobediencia y el engaño van de la mano. En efecto, aumentarán juntos. Vemos esto en un incidente de la vida de Saúl. El profeta Samuel vino al rey Saúl con una orden de la boca de Dios. "Ve, pues, y hiere a Amalec, y destruye todo lo que tiene, y no te apiades de él; mata a hombres, mujeres, niños, y aun los de pecho, vacas, ovejas, camellos y asnos" (1 Samuel 15:3).

La orden fue muy directa y específica. Nada que Amalec poseyera, fuera humano o bestia, debía vivir. Aparentando ser obediente, Saúl reunió su ejército y continuó con la misión. Atacaron y mataron a cada hombre, mujer, niño y lactante. Miles fueron asesinados por Saúl y su ejército.

Sin embargo, Saúl y el pueblo reservaron al rey Agag de Amalec y lo mejor de las ovejas, bueyes, cebones, corderos, y todo el resto que era bueno. En contra de lo que Dios ordenó específicamente, Saúl y el pueblo que estaba con él probablemente razonaron: "Es un desperdicio destruir todo este buen ganado" (1 Samuel 15:9,24).

Antes de que Saúl hubiera siquiera vuelto de la batalla, Dios le dijo a Samuel que Saúl había desobedecido. Le dijo que lamentaba haber hecho rey a Saúl. Todos los miles que Saúl destruyó, fueran personas u ovejas, no podían compensar los pocos que había reservado.

¡HE OBEDECIDO!

A la mañana siguiente Saúl saludó a Samuel con: "Bendito seas tú de Jehová; yo he cumplido la palabra de Jehová" (1 Samuel 15:13).

Saúl creía que había cumplido el mandamiento del Señor. Sin embargo, como veremos más adelante, es obvio que Dios tenía una opinión diferente. El razonamiento de Saúl le engañó. Con frecuencia ese es el caso cuando no obedecemos lo que Dios nos dice. El Nuevo Testamento explica:

> Pero sed hacedores de la palabra, y no tan solamente oidores, engañándoos a vosotros mismos.
> —Santiago 1:22

Una persona engañada cree que ha hecho lo que es correcto o lo mejor cuando realmente está en rebelión. Esto es especialmente cierto en aquellos que desobedecen repetidamente la Palabra de Dios. Sus corazones continúan oscureciéndose por el razonamiento y su engaño crece aun más.

Pablo advirtió a Timoteo que aquellos en la iglesia que no obedecen "irán de mal en peor, engañando y siendo engañados" (2 Timoteo 3:13). La desobediencia está acompañada por el engaño, y ambos empeoran si no se confrontan. No sólo que el desobediente engaña a otros, sino que se engañan a sí mismos también. El engaño: Se ven a sí mismos bien aunque en realidad no lo están.

El incidente de Saúl con el ganado no fue la primera vez que practicó la obediencia selectiva. Ya había sido reprendido previamente por Samuel por no obedecer. Así que estaba siguiendo un patrón de desobediencia.

Una vez que este patrón se forma viene a ser cada vez más difícil discernir la verdad del error. La magnitud de la desobediencia también crece proporcionalmente. Pero un corazón verdaderamente arrepentido traerá liberación y abrirá los ojos al engaño.

Dios siempre ofrece una oportunidad de arrepentimiento. Samuel confrontó directamente a Saúl con la evidencia de su desobediencia: "¿Pues qué balido de ovejas y bramido de vacas es este que yo oigo con mis oídos?" (1 Samuel 15:14).

Saúl respondió rápidamente: "De Amalec los han traído; porque el pueblo perdonó lo mejor de las ovejas y de las vacas, para sacrificarlas a Jehová tu Dios, pero lo demás lo destruimos" (1 Samuel 15:15).

En vez de admitir su error, Saúl volcó la culpa de sí mismo al pueblo. "Yo quería obedecer", alegó, "pero el pueblo me obligó". Utilizó la presión de grupo como excusa para desobedecer las directrices divinas (1 Samuel 15:24). El corazón no arrepentido desvía la culpa hacia otros cuando lo atrapan en desobediencia. No se hace responsable de sus actos.

Saúl guiaba al pueblo, no el pueblo a él. Él no sólo era responsable de su desobediencia sino también de la de ellos. Él era quien tenía autoridad para guiarlos y dar las instrucciones para hacerlo. Escuchen bien, líderes, porque ustedes darán cuenta por la desobediencia que permiten en aquellos que se les ha confiado a su cuidado.

Elí, el sacerdote que guio a Israel durante cuarenta años, sabía que sus hijos despreciaban las ordenanzas del templo de Dios, y sin embargo no hizo nada. Les dio una palmadita como regaño, pero no ejerció su autoridad para removerlos o frenarlos. Por lo tanto Dios decretó: "Y le mostraré que yo juzgaré su casa para siempre, por la iniquidad que él sabe; porque sus hijos han blasfemado a Dios, y él no los ha estorbado" (1 Samuel 3:13). No sólo fueron sus hijos, Elí también fue juzgado.

LOS ESFUERZOS MAYORES NO SIGNIFICAN OBEDIENCIA

Así que Saúl culpó primero al pueblo. Luego apuntó que reservaron los animales por una buena causa, para sacrificarlos como ofrendas ante el Señor. Usted sabe que Saúl se engañaba si pensaba que con desobediencia podía ofrecer un sacrificio o un servicio a Dios que fuera aceptable.

Esa es la modalidad de rebelión más engañosa. La vemos en la vida de Caín, el primogénito de Adán, que también ofreció un sacrificio que el Señor no aceptaría. Él trajo el fruto de su campo como ofrenda al Señor. Sabemos que fue traído con mucho esfuerzo porque Dios había maldecido la tierra con anterioridad (Génesis 3:17-19). Caín tuvo que limpiar el suelo de rocas, cepas, y otros escombros. Luego aró y cultivó el suelo. Plantó, regó, fertilizó y protegió la siembra. Él puso mucho esfuerzo en su servicio a Dios. Pero fue un sacrificio de su propia hechura, no la ordenada por Dios. Representaba su servicio a Dios con su propia fuerza y habilidad más que por obediencia.

Abel, el segundo hijo de Adán, trajo la primicia escogida de su rebaño y de sus grosuras y las ofreció al Señor. Sabemos que él también tuvo que trabajar duro mientras atendía a sus rebaños, pero es improbable que trabajara tanto como Caín.

Trabajar duro no necesariamente significa que usted esté haciendo lo que es correcto. Mientras más camino con el Señor, más descubro que algunas veces mientras más ocupado estoy, logro menos. Los negocios no se equiparan con la obediencia.

Cuando las ofrendas fueron presentadas, "miró Jehová con agrado a Abel y a su ofrenda; pero no miró con agrado a Caín y a la ofrenda suya. Y se ensañó Caín en gran manera, y decayó su semblante" (Génesis 4:4-5).

Ambos hermanos conocían los requerimientos divinos porque habían aprendido de los caminos de Dios de sus padres. Habían escuchado cómo sus progenitores intentaron cubrir su desnudez con hojas de higuera. Hojas que representaban su propio intento por cubrir su pecado. Dios entonces mostró Su ofrenda aceptable matando un animal inocente y cubriendo a Adán y Eva con su piel. Así que Adán y Eva sabían que el sacrifico animal era una manera aceptable de cubrir el pecado.

Dios le dijo a Caín que él sabía lo que era "correcto" (Génesis 4:7). Sin embargo Caín trató de ganar la aceptación de Dios aparte de Su consejo. Dios respondió mostrando lo que aceptaría. Su deseo es la obediencia del hombre, no sus actos de sacrificio.

EL PECADO ESTÁ A LA PUERTA

Dios confrontó el pecado de Caín y le dio una oportunidad de arrepentirse.

> ¿Por qué te has ensañado, y por qué ha decaído tu semblante? Si bien hicieres, ¿no serás enaltecido? y si no hicieres bien, *el pecado está a la puerta*; con todo esto, a ti será su deseo, y tú te enseñorearás de él.
> —Génesis 4:6-7, énfasis agregado

Caín tenía que elegir. El diablo estaba en la puerta. ¿Se rebelaría Caín contra la orden de Dios e invitaría a Satanás a entrar? ¿O escogería gobernar sobre el pecado y negarle el acceso a Satanás?

¿Cómo podía Caín gobernar sobre el pecado? De la misma manera que Jesús: viviendo en obediencia a Dios el Padre. Recuerde las palabras de Jesús: "Porque viene el príncipe de este mundo, y él nada tiene en mí" (Juan 14:30). El pecado y el diablo no tienen nada en Jesús debido a Su perfecta obediencia al Padre. El pecado podría ponerse en cuclillas a la puerta todo lo que quisiera. ¡La puerta de Jesús estaba cerrada!

Pero Caín no dominaba el pecado. Él permitió que la ofensa, la traición y el odio entraran por la puerta a su vida. Caín se levantó y asesinó a su hermano con ira. Comenzó intentando servir a Dios. Hasta era ferviente en sus esfuerzos. Pero la desobediencia, la falta de arrepentimiento y la ofensa lo llevaron al asesinato.

Asimismo vemos algunas de las cosas más crueles hechas por aquellos que, como Caín y Saúl, sirven al Señor en su propia forma. Hasta pueden comenzar con buenos motivos, pero sus corazones independientes pronto se manifiestan en momentos difíciles. Muchos inocentes (como Abel) son heridos o asesinados por esos religiosos en campañas, esos que ejecutan su propia voluntad en el nombre del Señor.

EL MENSAJE NO HABLADO

Cuando Samuel confrontó a Saúl con su engaño, le recordó algunas cosas. Antes de que diera más excusas, Samuel silenció a Saúl diciendo:

> "Déjame declararte lo que Jehová me ha dicho esta noche. Y él le respondió: Di. Y dijo Samuel: Aunque eras pequeño en tus propios ojos, ¿no has sido hecho jefe de las tribus de Israel, y Jehová te ha ungido por rey sobre Israel? Y Jehová te envió en misión y dijo: Ve, destruye a los pecadores de Amalec, y hazles guerra hasta que los acabes. ¿Por qué, pues, no has oído la voz de Jehová, sino que vuelto al botín has hecho lo malo ante los ojos de Jehová?"
>
> —1 Samuel 15:16-19

En cierto momento Saúl fue modesto, humilde y manso. Es más, cuando Samuel le dijo por primera vez a Saúl que gobernaría sobre Israel, este respondió: "¿No soy yo hijo de Benjamín, de la más pequeña de las tribus de Israel? Y mi familia ¿no es la más pequeña de todas las familias de la tribu de Benjamín? ¿Por qué, pues, me has dicho cosa semejante?" (1 Samuel 9:21). Saúl, en realidad, se escondió el día que Samuel iba a anunciar quién sería rey (1 Samuel 10:21-22).

Él había sido pequeño ante sus propios ojos. Samuel trajo esto a su recuerdo, entonces prosiguió: "Ahora el Señor te envió a una misión, y dijo: 'Ve, y destruye completamente'... ¿Por qué arrasaste con el botín e hiciste lo malo a los ojos del Señor?"

En otras palabras Samuel preguntó: "Saúl, ¿cuándo fue que tu sabiduría comenzó a pasar por encima de la de Dios? ¿Qué pasó con tu espíritu modesto y humilde? ¿Por qué ahora crees que sabes más que el Señor?"

¿Usted cree que sabe más que Dios? ¡Por supuesto que no! Pero cuando somos desobedientes, ese es exactamente el mensaje que comunicamos a Dios y a aquellos que nos rodean. Qué tonto es pensar que podemos hasta ser más sabios que Aquel que se sienta sobre el trono de la gloria, el mismo que no sólo creó el universo, sino que también contiene el universo, el Creador que pone las estrellas en los cielos con Sus dedos. ¡Aun así exaltamos nuestra sabiduría sobre la suya cuando ignoramos Su consejo!

Cuando Moisés llevó a los hijos de Israel a través del desierto, Dios demostró su asombroso poder a través de él. Después de años vagando llegaron a un lugar llamado Kadesh, donde la gente se quejó de la escasez de agua. Esa no fue la primera vez que se quedaban sin agua. Antes, en Refidim, Dios instruyó a Moisés para que golpeara una roca y agua saldría de ella, como sucedió (Éxodo 17:6).

Esta vez el Señor instruyó a Moisés: "Hablad a la peña a vista de ellos; y ella dará su agua" (Números 20:8). Moisés reunió a la congregación. Pero en vez de hablarle a la roca como Dios ordenó, hizo lo que había hecho antes. Golpeó la roca, y la golpeó dos veces.

Moisés desobedeció la Palabra de Dios. Sin embargo, asombrosamente salió agua en abundancia. Aunque Moisés desobedeció, Dios todavía proveyó agua para Su pueblo. Parece que Dios había bendecido la desobediencia de Moisés. Pero más tarde le habló a Moisés: "Por no haber confiado en mí, ni haber reconocido mi santidad en presencia de los israelitas, no serán ustedes los que lleven a esta comunidad a la tierra que les he dado" (Números 20:12, NVI).

Usted no puede ignorar lo que Dios le dice que haga ahora por lo que le dijo antes. Este único acto de desobediencia le costó a Moisés la entrada a la Tierra Prometida. ¿Por qué golpear una roca le costó tanto? Porque Moisés honró su sabiduría más que las directrices de Dios. Lo hizo a su manera, no a la de Dios.

Actuó como si supiera más que Dios en cuanto a cómo obtener agua de la roca. ¡Sujetó la Palabra de Dios a la aprobación de un simple hombre! Esto explica por qué Dios le dijo: "¡No me honraste!"

La desobediencia comunica a Dios y a quienes nos rodean que pensamos que sabemos más que Dios. Así lo deshonramos. Esto echa por tierra Su autoridad en nuestras vidas.

Ninguna persona sana iría contra la orden directa de Dios. Esa es la razón por la que el engaño es tanto un elemento de desobediencia, aunque se trate de engañarnos a nosotros mismos. El razonamiento humano nunca debe pasar por encima de la dirección divina.

HAY QUE PAGAR EL PRECIO

Tanto Moisés como Saúl eran líderes. El precio de su desobediencia fue grande. Mientras más maduros somos, mayor es nuestro juicio por la desobediencia. Santiago 3:1 dice: "Hermanos míos, no os hagáis maestros muchos de vosotros, sabiendo que recibiremos mayor condenación".

Mi hijo de cuatro años puede hacer niñerías, cosas inmaduras y recibir sólo una corrección menor. Sin embargo, si el de diez años hace lo mismo merece una disciplina mayor. Escuchen la voz del Señor, aquellos que están en liderazgo. Su responsabilidad es mucho más grande. Sea un líder fuerte obedeciendo a Dios. No permita que su fuerza descanse en la aprobación y aceptación de aquellos que dirige. Ni deje que su fortaleza le tiente a cometer asperezas o a intimidar a la gente. Los más grandes líderes del reino son aquellos que obedecen a Dios, aun cuando haya gran presión sobre ellos. La Palabra de Dios y Su camino siempre resultan perfectos al final.

3

OBEDIENCIA, NO SACRIFICIO

SI NO PONEMOS DE LADO NUESTRAS VIDAS, HALLAREMOS UNA FORMA DE REALIZAR NUESTRAS PROPIAS VOLUNTADES

Después de ser cristiano unos siete años, serví en el personal de una iglesia que enfatizaba la importancia de ejercitar la fe para recibir las bendiciones de Dios. Sin embargo, en mi vida privada clamaba con un profundo deseo por conocer a Dios debido a lo que Él es y no por lo que podía hacer por mí. Dios comenzó a introducirme en la santidad y en la vida crucificada, conceptos que eran casi extraños para mí.

Para ese entonces era un fanático de los Dallas Cowboys. Cada domingo durante la temporada de fútbol americano llegaba a casa, desde la iglesia, y sintonizaba el juego. Esperaba para cambiarme de ropa durante los mensajes comerciales. Si mi esposa necesitaba ayuda, olvídalo. "¡Cariño, están jugando los Cowboys!" Almorzábamos en el medio tiempo o después del juego.

Un domingo en particular, había un juego crucial. Los Dallas Cowboys estaban jugando con los Philadelphia Eagles. El ganador obtendría un puesto en los finales; el perdedor sería eliminado.

El juego estaba emocionante, quedaban sólo ocho minutos. Los Cowboys estaban atrás por cuatro puntos, pero tenían la pelota y les tocaba la jugada. Me quedé pensando:

Van a llevar la pelota por el campo y a ganar este juego en los últimos minutos, como lo han hecho muchas veces. Estaba de pie en mi sala junto con la multitud en el estadio.

¡De repente el Espíritu de Dios me imploró que orara! La carga era tremenda. Yo sabía que no era algo a lo que podía responder más tarde. ¡Era para ya!

Le supliqué: "Señor, sólo quedan ocho minutos de juego. Espera y oraré cinco horas, cuando el juego termine".

¿Cómo podrían ocho minutos hacer algún daño? Razoné. *Seguramente puedo orar por cualquier cosa que Él quiera después de este juego.* Pero la urgencia y la carga no se aligeraron; se volvieron más fuertes.

Así que rogué otra vez: "Señor, oraré el resto del día y hasta la noche si tengo que hacerlo. Sólo déjame ver el último par de minutos".

Después de todo, pensé, *¡estoy siendo generoso!* Pero la carga siguió, y tenía una certeza interior de que mis negociaciones habían sido denegadas.

Me confronté con lo que pensaba que era un arreglo justo.

Oraré durante horas. Seguramente nada puede suceder en los próximos pocos minutos que no pueda ser cubierto en cinco horas de oración. Sabía que era un arreglo que podía cumplir porque tenía el resto del día libre.

Así que, ¿sabe lo que hice? Vi el resto del partido. Cuando terminó marché inmediatamente a mi dormitorio y cerré la puerta con seguro detrás de mí. Incliné mi rostro, preparado para orar durante un mínimo de cinco horas. Lo que prometí lo dije en serio.

Durante quince minutos luché y traté de orar, pero fue una pelea. Fue tan seco y aburrido como cualquier oración. La urgencia y la habilidad para orar se me habían ido. La carga se aflojó. Sabía que me había equivocado. La convicción me abrumó. Dios me mostró que lo que yo quería había cobrado mayor importancia que lo que Él deseaba. Después de varios minutos de seco silencio, Dios habló: "Hijo, no quiero tus cinco horas de sacrificio. ¡Quiero obediencia!"

Esas palabras me sellaron. Quedé sin habla ante el Dios Santo. Cómo podía haber estado tan engañado para considerar triviales los ocho minutos cuando Dios me estaba llamando. ¡Cómo había tratado su deseo y voluntad tan ligeramente! Elegí un juego de fútbol carnal en vez de obedecer a Dios.

LA CRUZ SIGNIFICA OBEDIENCIA

Jesús hizo esta declaración: "Si alguno quiere venir en pos de mí, niéguese a sí mismo, y tome su cruz, y sígame" (Mateo 16:24).

Algunos toman la cruz y se enfocan en su imagen de sufrimiento, que representa una vida de sacrificio. Sin embargo, en este versículo la cruz no es el resultado final. Ella nos habilita para obedecer. ¡Usted puede vivir una vida de autonegación y sacrificio y aun así estar en rebelión contra Dios!

¡El foco de lo que Jesús dice es la *obediencia*! La única manera en que podemos obedecer es tomando la cruz. Porque sin la muerte a nuestras propias agendas y deseos finalmente tendremos un enfrentamiento entre la voluntad de Dios y el deseo del hombre. ¡Si no ponemos de lado nuestras vidas hallaremos una forma de llevar a cabo nuestras propias voluntades y hasta de utilizar las Escrituras para respaldarlo!

El sacrificio fue escritural, así que Saúl también lo fue en su deseo de sacrificar animales como ofrendas. Pero fue *desobediente* a las directrices de Dios. Acaso el servicio a Dios, ¿incluye la desobediencia? Si así fuera, Satanás recibiría gloria a partir de nuestras prácticas religiosas o sacrificios "escriturales". Él es el originador de la rebelión. Pero Dios declara: "¿Se complace Jehová tanto en los holocaustos y víctimas, como en que se obedezca a las palabras de

Jehová? Ciertamente el obedecer es mejor que los sacrificios"
(1 Samuel 15:22). Para el resto del capítulo quiero develar
este concepto, utilizando a Isaías como guía.

Yo soy Dios, no hay nadie como yo

¿Ha ido alguna vez a una entrevista de trabajo? Usted se
pone su mejor ropa, se arregla el cabello y lleva un paquete
de pastillas de menta para el aliento. ¿Por qué? Por la posición de la persona que está a punto de conocer. Antes de que
Isaías discuta la obediencia y el sacrificio, nos da una mira-
da de Aquel a quien se nos pide que obedezcamos.

Así dice el Señor:

El cielo es mi trono, y la tierra estrado de mis pies;
¿dónde está la casa que me habréis de edificar, y dónde
el lugar de mi reposo? Mi mano hizo todas estas cosas,
y así todas estas cosas fueron, dice Jehová.

—Isaías 66:1-2

Traduzcámoslo a nuestra terminología moderna. Dios
dijo: "Vivo en el cielo; este es mi trono. Yo hice la tierra;
sólo es un pedestal ante mi trono. Soy más grande que lo
que eres capaz de pensar. Yo soy Dios".

Deténgase y medite en esto. ¡Quizás capte un vistazo de
su asombrosa gloria! Él creó la tierra y el universo. ¡Ubi-
có las estrellas con Sus dedos! La mayoría de nosotros no
comprende la vastedad del universo. Dado que tengo ante-
cedentes en ingeniería, he investigado algunos de los hechos
fascinantes que conocemos acerca de lo vasto de la creación
divina.

La luz viaja a la velocidad de 300.000 kilómetros por
segundo (no por hora). Eso es casi mil millones de kilómetros

por hora. Nuestros modernos aviones vuelan aproximadamente a 800 kilómetros por hora.

La luna está aproximadamente a 150.000 kilómetros de la tierra. Si viajáramos a la luna en avión, nos tomaría veinte días. ¡Pero la luz viaja allí en 1.3 segundos!

Continuemos. El sol está a 150 millones de kilómetros de la tierra. Para alcanzarlo en avión, el viaje duraría más de veintiún años. Piense cuán largos han sido los últimos veintiún años de su vida. ¡Luego imagínese volando ese tiempo sin parar para alcanzar al sol! Para aquellos que prefieren conducir, ¡les tomaría casi doscientos años, sin parar a descansar! Sin embargo, a la luz ¡sólo le toma ocho minutos y veinte segundo viajar del sol a la tierra!

La estrella más cercana está a 4,5 años luz de la tierra. ¡Para alcanzarla por avión tomaría aproximadamente cincuenta y tres billones de años! ¡Eso es 53 con nueve ceros! Sin embargo la luz la alcanza en sólo ¡cuatro años y medio!

La estrella más cercana que usted puede ver con sus propios ojos está de 100 a 1000 años luz. Ni siquiera intentaría calcular la cantidad de tiempo que le tomaría a un avión alcanzarla. Pero piense en esto: A la luz que viaja a una velocidad de 300.000 kilómetros por segundo le toma mil años alcanzar la tierra. Eso significa que hay estrellas que usted ve en la noche cuya luz emanaba de ellas en los días del reino del Rey Ricardo en Inglaterra, y ha estado viajando a la velocidad de mil millones de kilómetros por hora desde entonces, ¡sin disminuir la velocidad! ¡Esa luz se originó setecientos años antes de que Estados Unidos se convirtiera en nación!

Extendamos más esto. ¡En la mitad de los noventa el telescopio de la NASA. Hubble Space Telescope, envió de regreso imágenes de galaxias que estaban a 7000 años luz de distancia! Nuestras mentes ni siquiera pueden comprender distancias como esas. ¿Está echándole un vistazo a Su gloria?

"¿QUÉ CREES QUE PUEDES HACER POR MÍ?"

Dios puso esas estrellas en su lugar con Sus dedos. El universo entero no puede contenerlo (1 Reyes 8:27). Isaías 40:12 nos dice que Dios midió todas las aguas de la tierra en la palma de Su mano y midió el universo con la anchura de Su mano (NVI). ¡Qué gloria!

A partir de ese contexto observe la pregunta que Dios hace a través de Isaías. Él dijo: "El cielo es mi trono, y la tierra el estrado de mis pies. ¿Dónde está la casa que me construirás?" Dios está diciendo: "Yo soy Dios; considera mi gloria, mi habilidad, mi poder. ¿Qué puedes agregar a lo que yo hago?" Otra manera de decirlo es: "¿Qué crees que puedes hacer por mí?" ¿Entiende el punto?

Recuerdo las palabras de Salomón al cierre de su vida plena y próspera.

> He entendido que todo lo que Dios hace será perpetuo;
> sobre aquello no se añadirá, ni de ello se disminuirá; y
> lo hace Dios, para que delante de él teman los hombres.
> —Eclesiastés 3:14

Existe una gran diferencia entre las obras que nosotros hacemos y las obras que Dios hace. Cuando Dios las hace, *nada* puede añadirse, y *nada* puede quitarse. En contraste, Salmos 127:1 dice: "Si Jehová no edificare la casa, en vano trabajan los que la edifican". Observe que usted puede trabajar en el servicio a Dios por su cuenta, pero será en vano o sin valor eterno.

Nada cambia ni se aleja de los planes de Dios. Aun si trabajamos en vano o nos oponemos a Sus propósitos, Sus intenciones serán cumplidas.

Los diez hermanos mayores de José supusieron que cuando vendieron a José a la esclavitud, abortaron el plan de Dios para hacerlo gobernante. Sin embargo, su malvado esquema en realidad generó el cumplimiento del plan de Dios. (Ver Génesis 37—45.)

Salomón dijo:

> Aquello que fue, ya es; y lo que ha de ser, fue ya; y Dios restaura lo que pasó.
>
> —Eclesiastés 3:15

El curso ya está determinado. Eso que es y que va a venir ya fue en la mente de Dios. Eso demuestra Su soberanía. Pero Dios sí restaura lo que pasó. Eso quiere decir, que responderemos por nuestra obediencia o desobediencia a Su voluntad ordenada. Esto ilustra el libre albedrío del hombre.

Algunos dirán: "Si ese es el caso, entonces el hombre puede quitar de lo que Dios hace sólo dejando de hacer lo que Él planeó". No, porque Dios conoce el final desde el principio. Él sabe lo que cada persona hará antes que lo haga. Él no lo suscribe, porque no es el autor del mal. Pero lo utiliza en Su majestuosa sabiduría. ¡Aleluya! ¿Está dándole un vistazo a Su gloria?

Existen dos maneras en que una persona puede desobedecer. Primero, cuando hace lo que Dios le ha dicho que no haga y, segundo, cuando no hace lo que se le dijo. Esa es la razón por la que Salomón dijo: "Dios restaura lo que pasó".

El Hijo no puede hacer nada de sí mismo

Jesús no hizo ni más ni menos que lo que vio hacer a Su Padre. No agregó ni quitó de ello, lo que estaba en total contraste con los líderes religiosos de Sus días. Examine atentamente estas dos citas de Jesús, notando la palabra nada:

De cierto, de cierto os digo: *No puede el Hijo hacer nada por sí mismo*, sino lo que ve hacer al Padre; porque todo lo que el Padre hace, también lo hace el Hijo igualmente.

—Juan 5:19, énfasis agregado

No puedo yo hacer nada por mí mismo; según oigo, así juzgo; y mi juicio es justo, porque no busco mi voluntad, sino la voluntad del que me envió, la del Padre.

—Juan 5:30, énfasis agregado

Jesús no ministró durante los primeros treinta años de Su vida. ¿Puede imaginarlo? Él sabía que era el Mesías a los doce años de edad. Lo sabemos porque Sus padres lo hallaron en el templo escuchando y haciendo preguntas. Cuando le preguntaron por qué, Él respondió: ¿No sabíais que en los negocios de mi Padre me es necesario estar? Él fue a casa con ellos y se sujetó a ellos hasta la edad de treinta años (Lucas 2:41-52). Confirmamos más esto por el hecho de que Su primer milagro fue a la edad de treinta años en la boda de Canaán (Juan 2:11).

¿Puede verlo como un hombre de veinticinco años mientras pasaba al lado de los ciegos, sordos, paralíticos y leprosos alineados en las calles de Nazaret? Él pudo haber impuesto sus manos sobre ellos y sanarlos. Pero no lo hizo. Esperó. Hizo muebles, asistió fielmente a la sinagoga y paseó por las colinas de Galilea en oración hasta que tuvo treinta años. Sin lanzarse Él mismo a Su ministerio, esperó la ordenación del Padre.

A la edad de treinta años fue donde Juan para ser bautizado y cumplir todo correctamente. Fue entonces que Su Padre declaró desde el cielo: "Este es mi Hijo amado, en quien tengo complacencia" (Mateo 3:17). ¡Muy complacido! Él no hizo nada sino muebles y caminar por las colinas de

Galilea. Sin embargo, la razón del placer de Dios era la perfecta obediencia de Jesús en todas las cosas, aunque estas no incluyeran lo que llamaríamos ministerio.

EL MINISTERIO DE JESÚS

Ahora observe mejor su ministerio. Existen muchos incidentes que reflejan su perfecta obediencia. Observemos algunos:

Había un hombre, Lázaro, a quien Jesús amaba. Tenía dos hermanas, Marta y María. Lázaro cayó enfermo hasta el punto de la muerte, así que sus hermanas avisaron a Jesús.

Cuando sus mensajeros lo encontraron, le transmitieron la urgencia y los temores de las hermanas de Lázaro y esperaron Su respuesta. "Cuando oyó, pues, que estaba enfermo, se quedó dos días más en el lugar donde estaba" (Juan 11:6).

Los mensajeros probablemente argumentaron: "Quizás no fuimos claros, Jesús. ¡Está tan enfermo que morirá! ¡Debes apurarte!" Sin embargo, Jesús no se movió.

El sol se puso el primer día, y todos alrededor de Él se miraban con preguntas en sus ojos: "¿A Jesús no le importa? ¿Por qué se fue a Betania? Ya hace horas que le dieron las noticias, ¿Qué clase de amigo es?" Jesús sintió sus preguntas y su decepción, sin embargo no se movió.

Observe la marcada diferencia entre la falta de acción de Jesús y la mentalidad "haz que suceda", "hazlos felices" de Saúl. Saúl conocía las órdenes de Dios, pero sucumbió a la presión del pueblo. (Ver 1 Samuel 15:24.) Cedió y les dio lo que querían. Apaciguó al pueblo, sin embargo desobedeció a Dios. ¿Con cuánta frecuencia desobedecemos a nuestro Padre para apaciguar a nuestros hermanos?

¡Jesús sólo hizo lo que Su Padre decía! Después de dos días, Jesús dijo: "Vamos con Lázaro".

Los mensajeros pueden haber pensado: *Si sabías que irías, ¿por qué no saliste hace dos días? ¿Por qué ahora?* Había una razón: "No puede el Hijo hacer nada por sí mismo, sino lo que ve hacer al Padre" (Juan 5:19).

El Señor me mostró cómo habría respondido yo si Lázaro hubiera sido mi amigo. Habría saltado a mi carro, corrido a su casa y puesto mis manos sobre él. Todo eso habría sido hecho sin ni siquiera pensar en buscar la dirección del Espíritu de Dios.

Yo tenía la mentalidad de la iglesia que cree que "dondequiera que voy, Dios va, y Él hará cualquier cosa que le pida mientras esté ahí". Sí, Él nunca le deja ni abandona, pero ver a Dios como sujeto a nuestra voluntad es pensar al revés. No dirigimos mientras Dios nos sigue. No, Él guía y nosotros seguimos, si somos sabios (Juan 12:26). Mientras seguimos, Él nos instruye.

Pensamos erradamente que si ponemos las manos sobre el enfermo —independiente de la guía del Espíritu—, Dios está obligado a sanar y confirmar nuestro liderazgo al seguirlo con Sus señales. Si eso fuera cierto, deberíamos ir a vaciar los hospitales. Nos desanimamos cuando Dios no sigue nuestra instrucción con sus sanidades y milagros. Dios sanará y obrará milagros, pero siempre que Él dirija y nosotros sigamos.

Existen muchas referencias en los evangelios respecto a que "Él los sanó a todos". Pero no eran acontecimientos universales. Tomen, por ejemplo, todas las personas enfermas, ciegas, cojas y paralíticas que Jesús dejó en el estanque de Betesda después que sanó al hombre con la enfermedad de treinta y ocho años (Juan 5). ¿Por qué entró y sanó a ese y no tocó al resto?[1]*

¿Y qué en cuanto al hombre, cojo desde el vientre de su madre, que se echaba a diario a la puerta del templo? Jesús pasaba por su lado cada vez que entraba al templo. ¿Por qué

---

* No estoy cuestionando la disposición de Dios para sanar. La Escritura establece que Dios sana todas las enfermedades (Salmos 103:3). Simplemente estoy tratando la sanidad a la luz de la guía de Dios en nuestras vidas para ministrar a otros.

no lo sanó? Porque Su Padre no le había instruido que lo hiciera. Sin embargo fue la voluntad de Dios que ese hombre fuera sanado. Más tarde Pedro y Juan lo levantaron bajo la dirección del Espíritu Santo (Hechos 3).

Jesús tampoco ministraba por fórmulas. Escupió a uno, les impuso las manos a algunos y simplemente hablaba a otros. Hacía bolas de lodo y las colocaba en las cuencas de los ojos y enviaba a otros a los sacerdotes. ¿Por qué la variedad? Porque no seguía una fórmula, ¡Él hacía lo que vio hacer a Su Padre!

LE PRESTARÉ ATENCIÓN A ESTE

Así es como Dios quiere que Sus hijos le sirvan, desea que vayamos al lugar donde haremos sólo lo que le vimos hacer a Él. Eso incluye no hacer nada cuando Dios está callado. Él anhela que dejemos atrás los sacrificios basados en lo que pensamos, queremos o estamos presionados a hacer, y que regresemos a la simple obediencia a Él. Recuerde, Isaías señaló que todo nuestro sacrificio no puede darle nada a Dios que Él no tenga.

> Jehová dijo así: "El cielo es mi trono, y la tierra estrado de mis pies; ¿dónde está la casa que me habréis de edificar, y dónde el lugar de mi reposo? Mi mano hizo todas estas cosas, y así todas estas cosas fueron, dice Jehová; pero miraré a aquel que es pobre y humilde de espíritu, y que tiembla a mi palabra".
>
> —Isaías 66:1-2

Cuando estamos abrumados por nuestras ineficiencias, nuestro asombroso Padre promete prestar atención y levantar al hombre humilde que tiembla ante Su Palabra. ¡Así es! El hombre más humilde y manso es el que obtiene la atención de Dios.

Yo he conformado una lista reveladora que contiene algunas de las características del que tiembla a la Palabra de Dios. Medite en esto:

1. La obediencia es inmediata.
2. La voluntad de Dios es honrada sobre todo lo demás.
3. No existen argumentos, quejas ni adulancias.
4. Buscan el latido del corazón de Dios.
5. Cuando la voluntad de Dios no está clara, ellos esperan a que lo esté.
6. Sufren el rechazo de los amigos en vez de desagradar a Dios.
7. No añaden ni quitan de lo que Dios dice.
8. Hay cierto asombro por los caminos y la sabiduría de Dios, porque no hay nada más grande.

Isaías nos habla en términos gráficos acerca de la actitud de Dios hacia los sacrificios que no surgen de la obediencia.

> El que sacrifica buey es como si matase a un hombre; el que sacrifica oveja, como si degollase un perro; el que hace ofrenda, como si ofreciese sangre de cerdo; el que quema incienso, como si bendijese a un ídolo.
>
> —Isaías 66:3

¿No ordenó Dios los sacrificios de corderos y bueyes? ¿No fue Él quien ordenó los sacrificios de granos? ¿No fue Dios quien instruyó a Moisés a quemar incienso en el lugar santo del tabernáculo?

¿Entonces por qué ahora compara el sacrificio del cordero y del buey con el asesinato de un animal o el quiebre del pescuezo de un perro? ¿Por qué dice que sus ofrendas son como la sangre sucia de un cerdo? ¿Por qué vincula el incienso ofrecido (una sombra de su alabanza y oración) con las bendiciones de un ídolo?

> Y porque escogieron sus propios caminos, y su alma amó sus abominaciones, también yo escogeré para ellos escarnios, y traeré sobre ellos lo que temieron; porque llamé, y nadie respondió; hablé, y no oyeron, sino que hicieron lo malo delante de mis ojos, y escogieron lo que me desagrada.
>
> —Isaías 66:3-4

Cuando Dios llamaba, nadie respondía. Cuando hablaba, ¡nadie escuchaba! El pueblo estaba tan ocupado "sirviendo a Dios" con sacrificios religiosos (Dios los llamó "abominaciones") ¡que no respondían en obediencia a Su voz! Dios lamentó su elección, "Ellos eligieron el sacrificio más que escucharme y obedecer mi voz". Él dejó claro que ¡Su deleite no está en los sacrificios!

OCUPADO PERO NO OBEDIENTE

¿Y qué ocurre hoy? ¿Estamos tan ocupados sirviendo a Dios con oraciones intercesoras, ofrendas generosas, servicios de ordenación, campañas evangelizadoras, administración del ministerio, ayunos, estudios bíblicos, conferencias cristianas y convenciones que nos estamos perdiendo lo que Él está diciendo? Atrapados en todo esto, ¿Hemos perdido la sencillez de escuchar Su voz y temblar ante Su Palabra?

Hoy es muy fácil establecer una máquina ministerial y, sin embargo, perder el foco de su propósito. Es fácil sucumbir a las presiones de las cargas laborales, las obligaciones financieras, de mantener nuestra posición, las exigencias de controlar a las personas, y todo lo demás que trata de dictar nuestro curso. Pero ¿y qué de la obediencia al Espíritu de Dios?

¿Podemos seguirlo mientras Él nos guía o estamos atados al severo orden de la liturgia del evangelio carismático? Quizás nuestros servicios no se ordenan según un boletín escrito, tal como es el caso de muchas denominaciones, pero lo cierto es que muchas iglesias no denominacionales han establecido el orden de servicio también, sólo que no los han escrito. Así que despreciamos a aquellos que son lo suficientemente honestos como para escribir su liturgia, juzgándolos como "atados y no libres como nosotros".

Nuestro orden está claro. Es alabanza, luego adoración (por cierto, alabanza son las canciones rápidas y la adoración son las lentas, en caso de que no conozca la diferencia) seguida por los anuncios, las ofrendas, el mensaje, la llamada al altar y, posiblemente, la imposición de las manos sobre algunas personas con la esperanza de que caigan al piso. Alardeamos de esa libertad de adoración. Pero en la actualidad nos liberamos de los himnarios sólo para esclavizarnos a las hojitas sueltas. Sin embargo, todo el tiempo nos creemos guiados por el Espíritu.

Esta actitud nos coloca en una posición vulnerable. Nos volvemos altamente susceptibles al tipo de desobediencia encontrada en Saúl, creyendo que tener todos los componentes para el ministerio es más crucial que la obediencia a Dios. En este escenario Dios no competirá por nuestra atención. Él se retira y mira cómo seguimos adelante.

Esto no se limita al ministerio. También ocurre a nivel personal. Regresando a mi ejemplo del juego de fútbol de los Dallas Cowboys, he sido cristiano por algún tiempo. Serví diligentemente en el ministerio a tiempo completo, con frecuencia de cincuenta a setenta horas a la semana y en servicios dominicales. A menudo era el último en salir del edificio. Habiendo hecho todo eso, cuando el Espíritu de Dios vino sobre mí para que orara, sentí que podía ignorar su voz llamando porque, después de todo, yo era Su siervo fiel y abnegado.

Así que con mi actitud silente le estaba afirmando a Dios que yo tenía el derecho de escoger y elegir cuándo escucharía y obedecería Su voz. Era opcional dado que yo era muy leal y abnegado. ¡Debemos recordar que miles de actos de obediencia no justifican uno de desobediencia!

Haber sido tan ignorante y arrogante ahora me da ganas de llorar. ¡Jesús dio Su propia vida por mí, y yo juzgué con suficiencia Su instrucción como opcional debido a mis obras! ¡Que Dios me libre del sutil engaño que lleva a la desobediencia!

4

EL MISTERIO DE LA INIQUIDAD

Porque la rebelión es hechicería...

La palabra *hechicería* evoca imágenes de mujeres de negro, recitando conjuros, viajando en escobas y examinando el futuro en una bola de cristal mientras su caldero hierve lentamente sobre el fuego. O quizás la visión más moderna es una que dice maleficios y maldiciones sobre otros para obtener influencia o ganancia. Dejemos atrás esos conceptos y descubramos el corazón de la hechicería, sin importar la modalidad que asuma.

Samuel identificó la hechicería en la vida de Saúl cuando le dijo:

> Ciertamente el obedecer es mejor que los sacrificios, *y* el prestar atención que la grosura de los carneros. Porque *como* pecado de adivinación es la rebelión, y *como* ídolos e idolatría la obstinación.
> —1 Samuel 15:22-23, énfasis agregado

Observe que Samuel vinculó directamente la rebelión con la hechicería. "Porque *como* pecado de adivinación es la rebelión".*

---

* Observe que las palabras *como* en este versículo son de tipo cursiva. Esto se utiliza comúnmente en las versiones en inglés New King James y King James, para vocablos que no aparecen en el texto original. Fueron añadidas más tarde por los traductores para brindar claridad. Una traducción más precisa habría sido utilizar sólo la palabra *es*.

La palabra hebrea utilizada aquí para hechicería es *qesem*. Su contraparte en español es adivinación, hechicería y brujería. Sin embargo, los expertos dicen que el uso exacto de estas palabras en referencia al ocultismo se desconoce. Esto da cuenta de las diversas traducciones de la palabra hechicería. La importancia no radica en la etiqueta sino en el resultado de la hechicería.

Este texto debería decir: "Porque la rebelión es hechicería". Esto aclara el contexto de la Escritura. Una cosa es vincular a la rebelión con la hechicería, pero un asunto totalmente diferente es decir que realmente es hechicería. Obviamente el verdadero cristiano nunca practicaría la hechicería conscientemente. Pero ¿cuántos están hoy bajo su influencia debido al engaño de la rebelión?

La hechicería en cualquier forma tiene el mismo resultado: expone directamente a la persona al mundo demoníaco. Su objetivo es controlar circunstancias, situaciones o personas. Esto se logra a través de varios caminos. Casi siempre sin que el participante entienda y esté consciente de lo que está sucediendo en el reino espiritual. La conciencia abarca desde la total ignorancia de lo que uno está haciendo a un conocimiento completo y una conciencia total de los poderes de las tinieblas implicados. El objetivo de la hechicería es controlar, pero inevitablemente el controlador se vuelve controlado debido a la implicación del reino demoníaco.

LA REBELIÓN ABRE LA PUERTA A LOS PODERES CONTROLADORES

Como antiguo pastor de jóvenes, entré en contacto con un gran número de prácticas ocultas evidentes en el estado de Florida. Muchos estudiantes de secundaria se meten en lo oculto en varios grados. Los líderes de grupos juveniles reportaban con regularidad encuentros con compañeros de clases que estaban involucrados en hechicería.

Aprendí que cuando un individuo era iniciado en un pacto (un grupo que practica hechicería), los líderes lo obligan a consumir drogas, a beber, a practicar sexo ilícito, a robar y a cometer otros actos diversos que desafían las leyes de Dios y de nuestra tierra. Me sentía inseguro en cuanto a por qué se les alentaba a hacer eso hasta que Dios me mostró la verdad de que "rebelión es hechicería".

Al rebelarse contra las leyes de Dios, contra sus padres y su sociedad, los participantes conscientes o no se aseguran el acceso legal al reino demoníaco controlador. ¿Por qué? Porque la rebelión es hechicería. Mientras más se rebelan, más dan derechos legales para que los poderes demoníacos tengan influencia en ellos y los controlen.

Usted puede estar preguntándose por qué utilicé el término derecho legal. La razón es porque Dios ha dictado leyes de orden en el reino espiritual. Bajo la divina ley de Dios, la autoridad del diablo ha sido restringida al reino de las tinieblas. Por lo tanto, la desobediencia a la autoridad divina, sea directa o delegada, mueve a la persona fuera de la luz espiritual y dentro de la oscuridad espiritual donde el enemigo tiene acceso legal. (Ver 1 Tesalonicenses 5:5 y Mateo 6:24.)

Aquellos que se comprometen en forma voluntaria al servicio de Satanás entienden este principio, sin embargo los demás son engañados. Estos son ignorantes y confunden la anarquía con la libertad, así que se rebelan proclamando que son libres. Pero no hay libertad en la rebelión. El Nuevo Testamento revela una imagen clara de lo que realmente sucede. El rebelde viene a ser esclavo de la depravación. Pedro expuso su error de esta manera:

> Pues hablando palabras infladas y vanas, seducen con concupiscencias de la carne y disoluciones a los que verdaderamente habían huido de los que viven en error. Les prometen libertad, y son ellos mismos esclavos de

corrupción. Porque el que es vencido por alguno es hecho esclavo del que lo venció.

—2 Pedro 2:18-18

La verdad es evidente. No hay libertad sino ataduras y control en la rebelión. Es la apertura del alma a la opresión y al control demoníaco. Pablo destaca este punto:

¿No sabéis que si os sometéis a alguien como esclavos para obedecerle, sois esclavos de aquel a quien obedecéis, sea del pecado para muerte, o sea de la obediencia para justicia?

—Romanos 6:16

RESISTA A TRAVÉS DE LA SUMISIÓN

Caín tuvo la opción de honrar la voluntad de Dios y cerrar la puerta al control demoníaco del pecado (hechicería), o podía honrar su propia voluntad en rebelión y dar la bienvenida a la rebajante forma de pecado que buscaba dominarlo (controlarlo [Génesis 4:7]).

¿Cómo iba Caín a cerrar la puerta? El Nuevo Testamento nos dice:

Pero él da mayor gracia. Por esto dice: Dios resiste a los soberbios, y da gracia a los humildes. Someteos, pues, a Dios; resistid al diablo, y huirá de vosotros.

—Santiago 4:6-7

A medida que resistimos al diablo sometiéndonos a Dios, cerramos con seguridad nuestra puerta al enemigo. La sumisión es obediencia. No se limita sólo a acciones sino que también abarca el reino del corazón.

Muchos tratan de resistir al diablo citando las Escrituras y orando fervientemente, y esa es una forma legítima de guerra espiritual. Si embargo, algunas personas hacen eso y sin embargo permanecen desobedientes a la autoridad de Dios en otras áreas. Cuando este es el caso, el diablo sólo se ríe. Su desobediencia le garantiza acceso legal, y él es legalista. Ellos pueden atar y desatar hasta ponerse azules, pero el triste hecho sigue siendo que su falta de sumisión sobrepasa las palabras que hablan en vano.

La caída de Caín progresó en esta forma: Primero, abrigó una ofensa contra su hermano. El odio entró a su corazón, luego el engaño, lo cual preparó el camino para el asesinato.

Cuando el pecado entró en la vida de Caín, lo instigó a que hiciera lo que nunca imaginó. Si, como joven, alguien le hubiera dicho: "Un día asesinarás a tu hermano," probablemente habría respondido: "Estás loco. Nunca podría hacer algo así". Sin embargo lo hizo. ¿Por qué? La desobediencia abrió la puerta de su alma al pecado, y lo dominó.

La rebelión también abrió el alma de Saúl a la influencia de un espíritu controlador, el que le hizo comportarse de una manera que nunca asumió cuando estaba en su juicio cabal. La Biblia indica que no fue mucho después de su rebelión que un espíritu maligno de tormento vino sobre su vida y lo turbó (1 Samuel 16:14). Este espíritu maligno manipuló su vida desde ese momento en adelante. No hubo liberación para Saúl porque no hubo arrepentimiento de su pecado.

Saúl se convirtió en un hombre muy diferente del que conocimos una vez. Antes de ser rey fue un hombre modesto. Obedecía a su padre y respetaba las cosas de Dios. Si usted se le hubiera acercado y le hubiera predicho: "Saúl, vendrá el día cuando asesinarás a ochenta y cinco sacerdotes inocentes, sus esposas, y sus hijos en un arranque de rabia," él le habría tomado a usted por loco y le habría enfrentado con: "¡Nunca haría tal cosa!"

La triste verdad es que lo hizo (1 Samuel 22:17-18). Ese espíritu maligno lo hizo vivir una vida de celos, rabia, odio, contienda, asesinato y engaño. Legalmente lo controló por la vía de su rebelión, sin arrepentimiento.

MANTENGA EL ENFOQUE CORRECTO

Dado que estamos discutiendo sobre hechicería, quiero advertirle acerca de un engaño que sucede a los creyentes que a menudo tratan arduamente de frustrar a Satanás.

Conocí a un pastor que se interesaba en leer libros cristianos sobre cómo combatir lo oculto. Era de lo único que hablaba. Él creía que estaba bajo intensa guerra espiritual. Sus discusiones ya no eran acerca de Jesús, sino que se centraban en las fuerzas malignas que estaba combatiendo. Le advertí que su enfoque se estaba desviando, pero ignoró mi consejo y pensó que yo no era ducho en guerra espiritual.

Pasó un año, y vino a mí: "John, ¿recuerdas la advertencia que me hiciste?"

"Sí", asentí. Me dijo: "Dios me ha hecho quemar cada uno de esos libros. Nunca he vivido bajo tanto temor en toda mi vida. Esos libros desviaron mi enfoque de Jesús a Satanás".

La Biblia dice que debemos mantener los ojos en Jesús, el autor y consumador de nuestra fe (Hebreos 12:2). ¡Concéntrese en Jesús! Si el diablo se le cruza, resístalo fervientemente y continúe su búsqueda de Jesús. Si nos concentramos en lo maligno y en lo oculto, somos finalmente atrapados por su seducción. Lo que usted enfoca se convierte en su fuente de dirección y, si su enfoque se sale de curso durante suficiente tiempo, se convierte en su destino.

EL HOMBRE INICUO

En 1990, mientras cambiaba canales de televisión en un cuarto de hotel, mi esposa y yo sintonizamos una cadena especial sobre satanismo y hechicería. Dado que no me gusta exponerme a lo oculto, estaba a punto de cambiar el canal, pero me impresionó verlo por un momento. El programa discutía la biblia satánica.

Estaba asombrado descubriendo que el primer mandamiento en esa escritura era: "Haz tu voluntad".

Me cayó como un balde de agua fría. Esta es una perversión directa de la vida de Jesús. Él dijo: "No busco mi voluntad, sino la voluntad del que me envió, la del Padre" (Juan 5:30).

Apagué el programa, consciente de que había visto todo lo que necesitaba ver. Comencé a sopesar. Jesús tenía el Espíritu de Dios sin medida.

> Porque el que Dios envió, las palabras de Dios habla;
> pues Dios no da el Espíritu por medida.
>
> —Juan 3:34

Del testimonio de Juan descubrimos la razón por la que Jesús fue lleno con el Espíritu Santo sin medida. Él solo hizo y habló la voluntad y las palabras de Su Padre. Su perfecta obediencia le dio completa plenitud del Espíritu, ¡porque nuestro Dios da Su Santo Espíritu a aquellos que le obedecen! (Ver Hechos 5:32.)

Cumplir su propia voluntad, hacer y decir cualquier cosa que quiera, es rebelión y la rebelión es hechicería. Tal como Jesús fue lleno con el Espíritu de Dios sin medida debido a Su perfecta obediencia, la perfecta desobediencia trae influencia demoníaca sin medida.

Esto se ve en la vida del anticristo. Las Escrituras se refieren a él como el inicuo (2 Tesalonicenses 2:8). Lo describen como el que "se opone y se levanta contra todo lo que se llama Dios o es objeto de culto; tanto que se sienta en el templo de Dios como Dios, haciéndose pasar por Dios"

(2 Tesalonicenses 2:4). La suya es una vida de perfeccionada rebelión hacia Dios.

Este versículo tiene dos niveles de significado. Sí, probablemente él se sentará en el templo físico de Dios. Pero también está practicando perfecta rebelión en su propio cuerpo. Las Escrituras llaman nuestros cuerpos templos del Espíritu Santo.

¿Por qué el anticristo tendrá el poder de Satanás sin medida?

Porque su rebelión es perfecta y completa. La rebelión, recuerde, es hechicería. Le garantiza a Satanás la entrada legal a una vida. En perfecta desobediencia ese hombre llevará el desenfrenado espíritu de Satanás.

> Inicuo cuyo advenimiento es por obra de Satanás, con gran poder y señales y prodigios mentirosos.
>
> —2 Tesalonicenses 2:9

Este inicuo será la misma antítesis de nuestro Señor y Cristo. Por eso es llamado anticristo.

> Hijitos, ya es el último tiempo; y según vosotros oísteis que el anticristo viene, así ahora han surgido muchos anticristos; por esto conocemos que es el último tiempo.
>
> —1 Juan 2:18

Aunque esto se aplique a cada generación desde los días de Juan, es una escritura profética que apunta a la generación final antes del regreso de Cristo. Pedro, al escribir acerca de los últimos días, dice: "Mas, oh amados, no ignoréis esto: que para con el Señor un día es como mil años, y mil años como un día" (2 Pedro 3:8). Uno de los días de Dios equivale a mil años de los nuestros. Divida mil años entre veinticuatro, y tendrá la cantidad de años para una de las horas de Dios, aproximadamente cuarenta. Así que cuando Juan dice "último tiempo" se está refiriendo a la generación final, que muchos creen que es la nuestra.

Observe la conclusión de esta Escritura: "Así ahora han surgido muchos anticristos; por esto conocemos que es el último tiempo". Este hombre de iniquidad no aparecerá de repente sin aviso ni preparación. Antes de su aparición la completa rebelión parecerá común, dado que una gran cantidad de iniquidad ya estará obrando en la sociedad.

El misterio de la iniquidad obrando hoy

En las instrucciones de Pablo a los tesalonicenses, el apóstol habla de nuevo acerca de la condición de iniquidad y rebelión previa a la revelación del inicuo:

> Porque ya está en acción el misterio de la iniquidad; sólo que hay quien al presente lo detiene, hasta que él a su vez sea quitado de en medio.
>
> —2 Tesalonicenses 2:7

El misterio de la iniquidad es el principio oculto de que rebelión es hechicería. Este principio ya está obrando y empeorará progresivamente hasta que el hombre de iniquidad sea revelado. Esta rebelión perfeccionada no vendrá como un impacto porque el misterio de la iniquidad ya ha estado obrando en nuestra sociedad e iglesias.

Usted puede preguntar: "¿En iglesias también?" Sí, es ahí donde la obra de la iniquidad es más engañosa. De muchas maneras el espíritu del mundo se ha escurrido dentro de la iglesia. La rebelión está progresivamente convirtiéndose en una manera aceptable de vivir. Existen muchos aspectos de la rebelión que ahora consideramos normales que habrían horrorizado no sólo a la iglesia sino a la sociedad hace cuarenta años (por ejemplo, la manera en que nuestros niños tratan a sus padres, la forma en que la gente habla de sus pastores, el irrespeto hacia los líderes políticos, la falta de ética en los negocios y así sucesivamente).

Esta misma aceptación ha salpicado a la iglesia. Estos patrones pensados son contrarios a la obediencia, pero se han desarrollado en la mente de los creyentes. Eso lo discutiremos luego en este libro.

Necesitamos cambiar nuestra manera de pensar. El reino de Dios no es una democracia sino un *reino* gobernado por el *Rey*. Está estructurado según un orden, rango y ley reales. Los miembros del reino están sujetos a ellos, no son opcionales. Ellos no están sujetos a nosotros, sino que nosotros estamos sujetos a ellos. Existen consecuencias cuando ellos son pasados por alto, ignorados, traspasados o evidentemente violados.

Jesús nos advirtió de antemano sobre esto cuando sus discípulos pidieron indicaciones de Su segunda venida. Él dijo que ocurrirían señales en Israel, en la sociedad, en la naturaleza y en la iglesia. Jesús también citó la rebelión desenfrenada como una indicación del final inminente.

> Y por haberse multiplicado la maldad, el amor de muchos se enfriará.
>
> —Mateo 24:12

La mayoría lee esto y piensa: "Seguro, la rebelión abunda en nuestra sociedad". Sin embargo en este pasaje Jesús está hablando a los cristianos. (Ver los versículos 10-11.) La palabra griega para amor aquí es ágape. Este término del Nuevo Testamento griego se emplea para describir el amor de Dios, que se encuentra en los creyentes en Cristo Jesús. Es el amor que sólo Él puede dar. El mundo no posee este tipo de amor.

Jesús estaba diciendo: "¡Dado que la desobediencia abundará aun entre creyentes, el amor de Dios en sus corazones se enfriará!"

El misterio de iniquidad (rebelión) seduce a la sociedad y a los creyentes por igual. Da a Satanás y sus huestes acceso legal a nuestros hogares, iglesias, instituciones y gobiernos.

LA BUENA NOTICIA

La buena noticia es que muchos que han estado cautivos serán liberados a medida que la tiranía y el engaño de la iniquidad sean expuestos. No permanecerán cautivos del diablo para hacer su voluntad. Dios revelará los esquemas del enemigo a aquellos que verdaderamente aman a Jesús, y serán librados de su control.

Aquellos que aman la verdad no serán engañados por este misterio de iniquidad (2 Tesalonicenses 2:10). Los triunfadores abrazarán la obediencia y huirán de una vida autoindulgente, porque su deleite es ver la voluntad y el propósito de Dios cumplido.

5

NINGUNA HECHICERÍA, EXCEPTO...

NINGUNA MALDICIÓN PUEDE SER FORJADA CONTRA EL OBEDIENTE

Cuando pastoreaba un grupo juvenil, recibí un testimonio muy interesante. Provenía de Brad,* un candente adolescente de quince años. Él había venido a nuestro servicio juvenil por primera vez cuando tenía catorce. Se me acercó y me dijo: "¡Quiero a Dios!" Su hambre tocó el corazón de Dios, y esa misma noche el poder divino transformó su vida.

Él estaba en el equipo de fútbol universitario y salía con la chica más popular de su escuela. Inmediatamente después que fue salvo rompió con ella. Cuando esta le preguntó por qué, él le explicó: "Ahora sirvo a Jesús, y sé que no quieres hacerlo".

Él se convirtió en uno de los más fervorosos de nuestro grupo. No era extraño que Brad y otro joven de su edad se reunieran a las cuatro de la mañana y oraran juntos hasta que era hora de prepararse para ir a la escuela.

Fue un año después cuando emocionado se me acercó y me dijo:

—¡Pastor John, tiene que escuchar lo que me sucedió en la escuela hoy!

Como ya mencioné, la influencia de lo oculto era fuerte en las escuelas locales. Varios de nuestros jóvenes habían

---

* No es su nombre real.

experimentado confrontaciones directas con compañeros de clases involucrados en ello.

—Bien, Brad —dije—. Dime qué sucedió.

Él me respondió:

—¡Un niño bajito se me acercó en la escuela y me dijo: "Voy a maldecirte!" Cuando dijo eso sólo comencé a reírme. No lo planifiqué, sólo me reía. Entonces se enojó conmigo y dijo: "¡Voy a maldecirte, y morirás en dos días!" Me reí más aun.

"El se enojó más y comenzó a gritar: 'Te maldeciré, y morirás ahora si no paras', pero me reí aun más.

"Entonces de repente, se nos unió un chico mucho más alto y mayor, que apartó al niño y le dijo: 'Vete.' Luego se volteó y me dijo: 'Él es nuevo en esto. No sabe lo que está haciendo.'" Dejé de reírme y comencé a pensar: *¿Qué está pasando?*

"Luego este muchacho me dijo: 'Él no se da cuenta que tú eres uno de esos marcados que no podemos tocar porque el Dios a quien sirves es más grande que el dios a quien nosotros servimos.'"

"Así que le dije al muchacho: '¿Por qué no le das tu vida a Jesús?'"

"Él sacudió la cabeza: 'No puedo. Estoy demasiado metido en esto,' y se alejó".*

Cuando una persona camina en obediencia a Dios, la hechicería no tiene poder sobre él. Satanás está confinado a las tinieblas (Judas 6), así que no tiene acceso a nosotros cuando estamos unidos con Dios, en quien no hay ninguna tiniebla (1 Juan 1:5).

Los efectos de la hechicería son obvios en nuestra sociedad. Aunque sutiles, no son menos reales en la iglesia. Este

---

* Por supuesto él había sido engañado; pudo haber escapado, ¡porque no hay nadie demasiado perdido para la sangre de Jesús!

capítulo hablará de cuando un creyente está protegido contra la hechicería, ¡y cuando no lo está!

UNA BENDICIÓN MÁS GRANDE QUE LA MALDICIÓN

Durante su travesía por el desierto los hijos de Israel acamparon en las llanuras de Moab. Acababan de atacar y derrotar a Basán. Antes habían destruido a los amorreos porque no les permitían a los israelitas pasar por su territorio.

Ahora mientras acampaban en medio de Moab, Balac, rey de Moab y Madián, estaba preocupado. Su reino temblaba de miedo por la multitud de los israelitas. Sabían que Israel había destruido cada nación que se le oponía.

Así que el rey Balac envió una palabra al profeta Balaam. Este era conocido por su precisión y entendimiento espiritual. El rey sabía que cualquier cosa que le profetizara sucedía. Si los bendecía, ellos serían benditos; si los maldecía, serían malditos.

Después de recibir a dos grupos de embajadores, Balaam consintió acompañar al rey a ver si podía maldecir a los hijos de Israel. Lo convenció el ofrecimiento de dinero y honra que le hizo el rey. Pero Balaam le advirtió que estaba sujeto a hablar sólo las palabras que Dios colocara en su boca.

Al día siguiente escalaron las alturas de Baal para que Balaam pudiera observar a la nación de Israel. Después que Balaam los evaluó, dio instrucciones al rey para levantar siete altares y preparar sacrificios para cada uno de ellos. Entonces Balaam abrió su boca para maldecir a Israel, pero en vez de eso, pronunció una bendición sobre ellos.

No es necesario decir que el rey se enojó mucho. "¿Qué me has hecho? Te he traído para que maldigas a mis enemigos, y he aquí has proferido bendiciones" (Números 23:11).

Así que Balaam sugirió que se movieran a un nivel más alto con la esperanza de darle a Balac lo que quería. Una vez más levantaron siete altares y ofrecieron sacrificios adicionales. Pero cuando Balaam abrió su boca otra vez bendijo a Israel en vez de maldecirlo.

Este proceso completo se repitió dos veces más. Cada vez Balaam intentaba maldecir pero era obligado por Dios a bendecir a Israel. En el segundo oráculo de Balaam encontramos esta profunda declaración:

> No ha notado iniquidad en Jacob, ni ha visto perversidad en Israel. Jehová su Dios está con él, y júbilo de rey en él. Dios los ha sacado de Egipto; tiene fuerzas como de búfalo. Porque contra Jacob no hay agüero, ni adivinación contra Israel.
>
> —Números 23:21-23

Israel caminaba en pacto con Dios. Su poderoso brazo había librado a Israel de la opresión egipcia, simbolizando la libertad de este sistema y poder mundano. Eran una nación perdonada y limpia, bautizada a medida que pasaban por el Mar Rojo. Por lo tanto Dios dijo que no observaba iniquidad en ellos.

Balaam declaró que debido al pacto de Israel con Dios no había brujería ni adivinación que pudiera prosperar contra ellos. Usted también puede declarar el principio de esta manera:

> ¡No existe hechicería que tenga resultados contra el pueblo de Dios, ni ninguna adivinación contra Su iglesia!

Debemos animarnos con esta promesa. Dejemos a los brujos y hechiceros vociferar, encolerizarse y quemar sus velas. Que reciten sus maleficios, sus sortilegios y maldiciones, ¡ninguno puede dañar a un hijo de Dios! Ellos no prevalecerán contra la Iglesia del Dios viviente. Proverbios 26:2 declara: "Como el gorrión sin rumbo o la golondrina sin nido, la maldición sin motivo jamás llega a su destino" (NVI).

"¿CÓMO PUEDO MALDECIR A QUIEN DIOS NO HA MALDECIDO?"

Balaam señaló: "¿Por qué maldeciré yo al que Dios no maldijo?" (Números 23:8).

Cuando David fue atacado, escribió:

> Escóndeme del consejo secreto de los malignos,
>> De la conspiración de los que hacen iniquidad,
> Que afilan como espada su lengua;
>> Lanzan cual saeta suya, palabra amarga,
> Para asaetear a escondidas al íntegro;
>> De repente lo asaetean, y no temen.
>> —Salmos 64:2-4

Pueden proferirse maldiciones contra los rectos, pero estas no descansan sobre ellos. Observe lo que sucede a los que profieren maldiciones:

> Mas Dios los herirá con saeta;
>> De repente serán sus plagas.
> Sus propias lenguas los harán caer;
>> Se espantarán todos los que los vean.
>> —Salmos 64:7-8

Observe que ellos se tropiezan con su propia lengua. Las mismas palabras que liberan para herir a otros circularán sobre ellos. En otra metáfora David lo explicó de esta forma. "Hoyo han cavado delante de mí; en medio de él han caído ellos mismos" (Salmos 57:6).

Aunque Balaam hubiera pronunciado maldiciones sobre los hijos de Israel, estas habrían regresado sobre su cabeza. Balaam sabía que era imposible traer maldición de hechicería sobre el pueblo de Dios, aun cuando él quisiera. Moisés más tarde recordó a Israel: "y porque alquilaron contra ti a

Balaam hijo de Beor, de Petor en Mesopotamia, para maldecirte. Mas no quiso Jehová tu Dios oír a Balaam; y Jehová tu Dios te convirtió la maldición en bendición, porque Jehová tu Dios te amaba" (Deuteronomio 23:4-5). ¡Aleluya!

EL CONSEJO DE BALAAM

Las bendiciones de Balaam pusieron furioso al rey Balac, que exclamó: "Para maldecir a mis enemigos te he llamado, y he aquí los has bendecido ya tres veces. Ahora huye a tu lugar; yo dije que te honraría, mas he aquí que Jehová te ha privado de honra" (Números 24:10-11).

El rey estaba planeando darle a Balaam una gran recompensa monetaria y honra por maldecir a sus enemigos. Pero en esencia le dijo: "Puedes olvidarte de la recompensa. Tu Dios obviamente no quiere que la tengas. Así que sal de mi vista".

Tan pronto como Números termina la historia de Balaam y Balac, leemos algo asombroso.

> Moraba Israel en Sitim; y el pueblo empezó a fornicar con las hijas de Moab, las cuales invitaban al pueblo a los sacrificios de sus dioses; y el pueblo comió, y se inclinó a sus dioses. Así acudió el pueblo a Baal-peor.
> —Números 25:1-3

¿Qué le sucedió a esta nación que había servido al Señor? El libro de Apocalipsis dice que Balaam "enseñaba a Balac a poner tropiezo ante los hijos de Israel, a comer de cosas sacrificadas a los ídolos, y a cometer fornicación" (Apocalipsis 2:14; ver también Números 31:16).

Sólo puedo imaginar la escena. Balaam en realidad quería el dinero del rey. Así que le dijo: "No puedo maldecirlos con mi boca o cualquier otra forma de adivinación, ¡pero puedo decirte cómo ponerlos bajo una maldición de hechicería!"

El rey Balac dijo: "¿Cómo se puede hacer?"

Balaam le dijo: "Envía mujeres que se infiltren en el campamento de Israel. Haz que traigan sus ídolos también. Esta rebelión los pondrá bajo maldición de hechicería".

La desobediencia de Israel hizo que una nación que pudo no ser maldecida cayera bajo una fuerte plaga. "Así acudió el pueblo a Baal-peor; y el furor de Jehová se encendió contra Israel. Y murieron de aquella mortandad veinticuatro mil" (Números 25:3,9). Esta fue la más grande pérdida que Israel experimentó en el desierto, y todo fue resultado de su rebelión.

La desobediencia radical abrió la puerta a la plaga radical. Su rebelión fue tan evidente que un hombre israelita hizo alarde de su pecado con una mujer madianita a la vista de Moisés y de toda la congregación de Israel.

Así que, ¿qué detuvo la plaga? Usted podría haber adivinado, ¡la obediencia radical!

> Lo vio [al hombre que alardeaba de la mujer madianita] Finees hijo de Eleazar, hijo del sacerdote Aarón, y se levantó de en medio de la congregación, y tomó una lanza en su mano; y fue tras el varón de Israel a la tienda, y los alanceó a ambos, al varón de Israel, y a la mujer por su vientre. Y cesó la mortandad de los hijos de Israel.
>
> —Números 25:7-8

Permítame señalar que Dios no es autor de plagas y enfermedades. Los hijos de Israel se habían revelado evidentemente y abrieron una brecha en Su manto de protección. La puerta estaba abierta, así que el enemigo entró con su maldición.

Una vez más esto afirma que la rebelión es hechicería. Da acceso legal al control de Satanás. Israel escapó de la maldición de un adivino sólo para ser diezmado por su propia desobediencia.

Un ejemplo del Nuevo Testamento

Hemos visto que la rebelión llevó al pueblo del Antiguo Testamento bajo una maldición de hechicería; ahora examinemos este principio en el Nuevo Testamento. El apóstol Pablo escribió una severa carta a los de Galacia (Gálatas 1:2). Observe que esta carta estaba dirigida a las iglesias, no a la población general de Galacia. Pablo los regañó:

> ¡Oh gálatas insensatos! ¿Quién os fascinó para no obedecer a la verdad, a vosotros ante cuyos ojos Jesucristo fue ya presentado claramente entre vosotros como crucificado?
>
> —Gálatas 3:1

Dios reveló Su salvación por gracia a esas iglesias mediante la predicación de Pablo. Pero no pasó mucho tiempo antes de que comenzaran a desobedecer lo que una vez tuvieron claro. Se volvieron a seguir otro evangelio... uno de obras (Gálatas 3:1, 16). Sin embargo, este acto específico de desobediencia no es en lo que quiero concentrarme. Lo que es importante es el hecho de que Dios les había revelado claramente Su voluntad, y ellos se volvieron de ella para seguir el razonamiento de otra. Este razonamiento los embrujó al punto de la confusión.

Pablo advirtió a esta iglesia que estaba bajo la influencia de la hechicería. Algunos pueden preguntar: "¿Pensé que no había adivinación o hechicería contra el pueblo de Dios?" Es correcto; ninguna maldición puede ser liberada contra el obediente. Pero recuerde, la rebelión o desobediencia coloca a la persona bajo hechicería.

Ahora permítame aclarar este punto. Estamos bajo encantamiento cuando desobedecemos lo que Dios nos ha dejado claro, no cuando desobedecemos lo que no se nos ha revelado. Lo que los gálatas desobedecieron les fue claramente revelado.

CÓMO APRENDER OBEDIENCIA
DE LA MANERA DIFÍCIL

Cuando comencé en el ministerio, Dios me instruyó: "John, no hagas cosas en tu ministerio sólo porque otros ministerios lo hagan". Yo me daba cuenta de que otros ministerios podrían hacer algo y sería la decisión correcta para ellos, ¡pero sería errado para mí modelar el mío al de ellos si Dios no me decía que hiciera lo mismo!

El próximo punto que me enfatizó fue: "Si surge una oportunidad para el ministerio, no la aceptes sólo porque luzca bien. Descubre si es mi voluntad". Aunque dejó este punto tan claro como el primero, no lo absorbí de la misma manera. Lo aprendí de la manera difícil. Hemos estado viajando sólo durante unos pocos años. El mayor empuje de los mensajes que prediqué fue el propósito de Dios para tiempos de sequía espiritual. Muchas vidas fueron fortalecidas por este mensaje. Sentía a Dios diciéndome que escribiera un libro no sólo sobre lo que yo había estado predicando sino también acerca de la vida. Publicamos este mensaje en el libro *Victory in the Wilderness* [Victoria en el desierto].

Un editor cayó en cuenta de este mensaje. Uno de sus mejores hombres de adquisiciones llamó a nuestra oficina. Me dijo que creía que era un mensaje urgente para el cuerpo de Cristo. Me indicó: "John, creemos en el mensaje que Dios te ha dado, y queremos ayudarte a llevarlo a la gente". Luego expresó el interés de su compañía en publicar de nuevo el libro.

Hablamos durante treinta minutos. Me dijo todas las maneras en que podrían sacar nuestro mensaje. Trabajaban con los mejores distribuidores y potencialmente podían colocarlo en cada librería cristiana. Me dijo que gastarían miles de dólares en publicidad. Citó ejemplos de otros autores desconocidos y cómo sus mensajes habían explotado ahora por toda América como resultado de su influencia publicitaria.

Cuando colgué, me sentí inquieto porque Dios ya me estaba mostrando que no debía hacerlo. Había llegado a conocer su voz, especialmente cuando decía que no.

Hablé con mi esposa al respecto. Ambos estuvimos de acuerdo, aun cuando la oferta sonara tan bien, en cuanto a seguir el impulso de nuestros corazones, que era decir que no. Luego oré, pero aun así mi percepción no cambió. En lo profundo sabía que no era la voluntad de Dios.

Al día siguiente el hombre de adquisiciones me llamó de nuevo. Aunque sabía que no era la voluntad de Dios, quería escuchar lo que tenía que decir. Aunque no lo admitía en ese momento, este fue un indicador inicial de problemas. ¿Por qué debería escuchar cuando Dios ya me había mostrado que no era Su voluntad?

Ahora, al recordar, reconozco la razón. Todo sonaba tan bien que me sentía halagado. Sabía que Dios me había llamado a traer este mensaje a Estados Unidos. Me había mostrado lo que me sería confiado. No era un llamado local o regional; yo sentía un mandato nacional. Sin embargo habíamos trabajado en el ministerio durante años sin un camino a la nación. Pensé: *Esto podría promocionar el mensaje a nivel nacional, abriendo así progresivamente puertas efectivas para alcanzar la nación. ¿Estoy perdiendo una oportunidad que puedo no volver a tener?*

Mi razonamiento comenzó a nublar y ensombrecer la clara dirección de Dios que había recibido apenas el día anterior. Continué razonando: *¿Estaré a punto de lograrlo? Esta es una puerta abierta a la oportunidad. ¿Por qué decir que no a algo que hará proclamar la Palabra de Dios?*

Dado que no lo desanimé, el hombre continuó llamándome día de por medio durante las dos semanas siguientes. Mientras más escuchaba, más sentido parecía tener publicar nuestro libro con ellos. Llegué al punto en que no había duda alguna en mi espíritu. Había permitido que el razonamiento y la adulación silenciaran la voz tranquila y suave de

Dios. Eso me dejó en una posición peligrosa, me había convencido de que lo que una vez fue denegado por Dios ahora era Su voluntad.

Mi esposa es la tesorera de nuestro ministerio, así que hice planes para que ella volara a la oficina del editor a firmar el contrato. Estaba emocionado por la oportunidad. Sin embargo, la noche antes de que ella se fuera, dos de nuestros niños comenzaron a vomitar violentamente. Cuando el segundo niño se enfermó cerca de las tres de la mañana, mi esposa me miró y dijo: "John, creo que no debería ir mañana. Creo que estamos cometiendo un error. Dios ha permitido esto para llamar nuestra atención".

A lo que contesté: "De ninguna manera. Este es el diablo tratando de detener esto. Él no quiere que resolvamos el acuerdo de publicación. Debes ir. Yo cuidaré de los niños". Aunque ella no estaba de acuerdo, abordó el avión a la mañana siguiente y firmó el contrato. Yo había desobedecido lo que Dios me había mostrado originalmente. Desde ese día en adelante, todo el infierno se desató contra mí. Ahora la puerta estaba abierta debido a mi desobediencia. El enemigo me dio una paliza.

AHORA LA PUERTA ESTABA ABIERTA

Desde que fui salvo había sido bendecido con no padecer casi ninguna enfermedad ni tener problemas de salud (a Dios sea la gloria). Mi esposa solía hacer comentarios como: "¡Tú nunca te enfermas!" Rara vez me contagiaba de algo y, si ocurría, se terminaba en veinticuatro horas. Jesús hizo provisión de salud divina así como perdón de pecados cuando murió en la cruz (Isaías 53:4-5). Pero desde el día que firmamos ese contrato batallé con la enfermedad y no podía sacudírmela.

Comencé vomitando junto con mis hijos la noche que se firmó el contrato. Era apenas la segunda vez en mi vida adulta que había vomitado. Una semana más tarde salí de la gripe sólo para atrapar un virus. Mi esposa y yo habíamos salido de la ciudad para celebrar un aniversario. Durante días mi temperatura rondó los cuarenta grados de fiebre. Más tarde en la semana prediqué estando enfermo con altas temperaturas y escalofríos.

La fiebre continuó la semana siguiente mientras dirigía reuniones en Canadá. Predicaba con fiebre y regresaba a mi cuarto a temblar bajo las cobijas con ella. Pasaba mis días en cama o descansando en silla y sofás.

La fiebre avanzó hasta la tercera semana. Mi esposa y yo no podíamos creer lo que estaba sucediendo. Nunca había peleado con una enfermedad así. Finalmente fui al doctor. Me prescribió un antibiótico, y dentro de unos días me normalicé otra vez.

Pero una semana después que terminé los antibióticos atrapé otro resfriado severo. Me sentía miserable con la garganta irritada, la cabeza congestionada y las demás condiciones molestas. Eso continuó durante siete días.

A menos de dos semanas de recuperarme de mi resfriado, me lesioné una rodilla escalando una pared. La lesión fue tan severa que me puso en una silla de ruedas, y luego cojeé con un aparato ortopédico durante varias semanas más. Pasó un mes antes de que pudiera caminar normalmente.

Como si todo eso no fuera suficiente, pocas semanas después fui golpeado con otro ataque de virus. Fue tan malo como el primero, y una vez más tuve que conseguir una prescripción para recuperarme. Parecía que no podía pasar más de una semana sin alguna clase de enfermedad. El ciclo duró tres meses y medio. En ese tiempo mi esposa no se enfermó.

Durante todo esto tuve todo tipo de problemas con el editor. Parecía que no podíamos ponernos de acuerdo en nada. Todo en la relación era tirante. No había fluidez en el proyecto.

Todo estaba acompañado por problemas en otras áreas de mi vida, los cuales parecían imposibles de resolver.

Desde que fui salvo y especialmente desde que entré al ministerio he enfrentado varias pruebas, aflicciones y dificultades. Pero esto era totalmente diferente. Yo oraba, batallaba con el enemigo con la Palabra de Dios, y confesaba la Palabra de Dios con frecuencia, sin ninguna utilidad. Lo que siempre produjo avances y triunfos ahora sólo me dejaba en estado de frustración.

GRACIAS A DIOS POR EL ARREPENTIMIENTO

Con el paso del tiempo, supe que perdí de vista a Dios. Me arrepentí de mi desobediencia pero todavía me sentía atrapado. Mi esposa y yo sabíamos que necesitábamos un milagro para salir de aquel contrato. Unimos las manos y le pedimos a Dios que me perdonara. Entonces le rogamos al Señor que nos sacara del lío que yo había creado por mi desobediencia.

En un par de semanas el editor me escribió y me pidió que canceláramos el contrato. Estaban frustrados, también, y sentían que el proyecto se había vuelto demasiado difícil de realizar. Me sentí aliviado. La voluntad de Dios fue restaurada. Pero vino con su precio. La prueba completa terminó costándonos aproximadamente cuatro mil dólares y tres meses y medio de frustración. Cubrimos todos los gastos y no teníamos nada que mostrar. Fue una lección agotadora y costosa.

Unos pocos meses más tarde mi esposa y yo estábamos discutiendo todo lo que sucedió. De repente vinculamos toda la enfermedad que enfrenté debido a mi desobediencia. Recordando nos percatamos de que tan pronto como me arrepentí fui restaurado a mi salud previa. Todos los otros problemas que aparecieron sobre nosotros sin resolverse desaparecieron también. Sé que Dios no puso la enfermedad y la confusión sobre mí. Más bien, yo abrí mi vida a la opresión con mi desobediencia. Sabía lo que era correcto y escogí mi propia voluntad en vez de la de Dios. ¡Cuando me sometí a Él, entonces pude resistir al diablo y su puerta de tormento fue cerrada!

LAS CONSECUENCIAS TRÁGICAS DE LA DESOBEDIENCIA

He conocido a muchos en la iglesia que viven en desobediencia. Sus vidas consisten de una crisis tras otra. Siempre hay algún problema en el que simplemente no parecen poder obtener la victoria. Escapan de uno para encontrarse en otro. Cada escenario parece venir a ser progresivamente peor. Estos problemas consumen su tiempo, energía y sustento.

He observado que sus matrimonios terminan en divorcio. Pierden ascensos o peor, hasta sus empleos. Son víctimas de robos, crisis financiera y tragedia. Frustrados, buscan frenéticamente alguien a quien culpar: su esposo, esposa, padres, pastor, jefe, gobierno o cualquier otro. Sin embargo, la verdad es esta: en algún lugar tienen una puerta abierta, haciéndoles vulnerables a los ataques violentos de la opresión demoníaca.

Existen dos culpables actuando que en realidad se alimentan mutuamente. El primero es el engaño. Esa oscuridad se encuentra en sus corazones porque no obedecen la Palabra de Dios (Santiago 1:22). El segundo culpable es la trampa tramada por los espíritus controladores autorizados para actuar a su antojo debido a la desobediencia. La paradoja: puesto que la gente es engañada, culpan a cualquiera menos a su desobediencia. Eso los ciega precisamente a lo que requieren para asegurar su libertad.

Gracias a Dios por Su Palabra. Su luz expone el engaño al discernir los pensamientos y las intenciones de nuestros corazones (Hebreos 4:12). David lo dijo de esta forma: "Antes que fuera yo humillado, descarriado andaba; mas ahora guardo tu palabra... Bueno me es haber sido humillado, para que aprenda tus estatutos" (Salmos 119:67, 71).

Por desdicha, cuando algunos son afligidos por causa de la desobediencia, se rehúsan a aprender. Continúan vagando en el desierto de la desobediencia. Culpan a todos los demás en vez de aprender de su error.

Debo detenerme aquí para aclarar un punto. Cada vez que una persona enfrenta dificultades, problemas o apuros, no es necesariamente producto de la desobediencia. Es un hecho que muchos sufren mientras están en obediencia a Dios.

A José le ocurrió así. Él no era desobediente. Sin embargo, pasó años en esclavitud aun cuando nació libre. Luego pasó más de dos años en los calabozos del Faraón, no como resultado de la desobediencia sino de la obediencia a Dios. Huyó de la inmoralidad sexual, evitando la seducción. La obediencia incrementó sus dificultades. Pero incluso mientras sufría, los hombres podían todavía percibir el favor de Dios sobre su vida. Esto era evidente por el temor reverente y la obediencia de José (Génesis 39:2-3; 21-23).

Caín también sufrió pero por una razón totalmente diferente. Ofendido, rehusó arrepentirse de su desobediencia. Esto resultó en una maldición sobre su vida. Por lo que vivió sus años sobre la tierra como fugitivo y vagabundo. Sus divagaciones sin propósito y sin esperanza fueron un ejemplo a las generaciones que le siguieron. Esto era una advertencia acerca del precio de negarse a arrepentirse y obedecer a Dios.

LA BENDICIÓN VIENE DESPUÉS DE LA OBEDIENCIA

Hay gran bendición cuando una persona verdaderamente se arrepiente de la desobediencia. Joel clamaba: "Rasgad vuestro corazón, y no vuestros vestidos, y convertíos a Jehová vuestro Dios; porque misericordioso es y clemente, tardo para la ira y grande en misericordia, y que se duele del castigo. ¿Quién sabe si volverá y se arrepentirá y dejará bendición tras de él?" (Joel 2:13-14).

Pasó poco tiempo después que me arrepentí de mi disparate con la oferta de la editorial para que Dios cambiara todo. Los editores de Charisma House me pidieron hacer un libro con ellos. Con esta oferta hubo gran gozo y vida en mi espíritu. Esta vez sabía en mi corazón que esto era de Dios. Aun así oré para confirmar lo que atestiguaba en mi corazón. Fue entonces cuando Dios me habló: "El otro editor era idea tuya. Charisma House es la mía".

El libro que usted sostiene es nuestra cuarta obra con ellos. Nuestra relación laboral ha sido una bendición. A través de ella Dios hizo más en los dos primeros años que lo que esperaba con el primer libro. No sólo ha sido bueno para nosotros sino también para el reino. Esa es la bendición de la obediencia.

6

LA FUERZA DE LA REBELIÓN

El rebelde ve la Palabra de Dios como ley represora más que como protección y vida

¿Por qué alguien desobedecería a Dios cuando conoce Su voluntad? Esta es una pregunta importante que responder, ya que revela las motivaciones de nuestros corazones.

¡Yo nunca he estado bajo la ley!

Hace algunos años mientras leía mi Nuevo Testamento, la siguiente Escritura me impactó y selló mi espíritu:

> Ya que el aguijón de la muerte es el pecado, y el poder del pecado, la ley.
>
> —1 Corintios 15:56

Examine con cuidado la segunda sección de este texto: "Y el poder del pecado, la ley". Antes de que esta Escritura se hiciera viva en mi corazón siempre supuse que la fortaleza del pecado, la iniquidad o rebelión era el diablo o la naturaleza carnal del cuerpo. Nunca se me ocurrió que el pecado recibiera su fuerza de la ley.

Inspirado, busqué otra Escritura familiar: "Porque mientras estábamos en la carne, las pasiones pecaminosas que eran por la ley obraban en nuestros miembros llevando fruto para muerte" (Romanos 7:5). Meditando en eso, rápidamente observé que es la ley la que levanta la pasión o el deseo de rebelarse ¡porque la rebelión obtiene su fuerza de la ley! Sin ley no podría haber rebelión.

Ahora usted podría preguntarse: *¿Cómo puede aplicarse esto a un cristiano gentil del siglo veintiuno? Vivo bajo la gracia. Nunca he estado bajo la ley.*

¿O sí? ¿Algo de esto le suena familiar?: No puedo dormir hasta tarde porque mañana tengo que asistir a la iglesia... No he leído mis cuatro capítulos de la Biblia hoy... Mejor será que haga mi devocional... No puedo hacer esto o mirar aquello porque soy cristiano.

O quizás otras: ¿Tengo que dar los diezmos de las ganancias o del neto?... ¿Se me permite divorciarme de mi esposa si ya no nos amamos más?... ¿Se me permite beber? ¿Puedo tener citas? ¿Cómo cristiano puedo hacer tal y tal cosa?

Mejor aun, pregúntese: ¿Se siente presionado a cumplir los requerimientos religiosos con el fin de permanecer bajo la bendición de Dios? ¿Obedece debido al temor de las consecuencias que podría enfrentar si no lo hace? ¡Si la respuesta es sí, ¡estos son síntomas de una vida bajo la ley!

¿POR QUÉ NECESITA ORAR RESPECTO A ESO?

Para ilustrar veamos otra vez a Balaam. El rey de Moab envió embajadores para pedir que Balaam maldijera a Israel. Estos ancianos le prometieron al profeta honor y riquezas. Este respondió: "Reposad aquí esta noche, y yo os daré respuesta según Jehová me hablare" (Números 22:8). Observe que Balaam utilizó el término Jehová. Él no era un profeta de Baal u otro dios. Era profeta de Jehová, y le llamaba como tal.

Dios vino a Balaam con una pregunta: "¿Qué varones son estos que están contigo?" (v. 9). Dios le estaba diciendo: "Balaam, tú sabes quiénes son estas personas. ¿Por qué estás entreteniéndoles con sus peticiones? Ellos quieren maldecir a mi pueblo. ¿No es obvia mi respuesta? ¿Por qué su oferta de 'bendecirte' te ciega?"

Existen cosas por las que no necesitamos orar. Cuando se nos presenta la oportunidad que nos beneficia a expensas de la voluntad divina, la seguridad o el beneficio de otros, ¡no necesitamos preguntarle a Dios, ni a un consejero, ni a un pastor ni a otro ministro!

No obstante el Señor tuvo gracia con Balaam, instruyéndole en términos claros y ciertos: "No vayas con ellos, ni maldigas al pueblo, porque bendito es" (v. 12). Ahora no podría dudar si era la voluntad de Dios.

La obediencia de mala gana

A la mañana siguiente Balaam trajo su reporte a los príncipes de Balac. "Volveos a vuestra tierra, porque Jehová no me quiere dejar ir con vosotros" (v. 13).

"El Señor se rehusó," dijo. ¿No suena como un niño que anhela salir y jugar con sus amigos aunque su madre o padre le dijo que no? Malhumorado, va a la puerta y en un tono triste dice entre dientes: "Mis padres no me dejan jugar". Las palabras de sus padres son la ley que le retiene, y él se resiente. De la misma manera, Balaam vio la palabra del Señor como una restricción o ley para él.

Cuando Balac escuchó la respuesta de Balaam, se rehusó a aceptarla como definitiva. Así que envió ancianos más importantes e influyentes y aumentó la apuesta. Ellos trajeron este nuevo reporte a Balaam: "Balac hará lo que tú quieras que haga".

Ahora, si su vecino le ofreciera todo lo que posee, lo más probable es que eso no se compararía a lo que el rey de una nación próspera pudiera darle. Era una oferta bastante tentadora para Balaam. Pero este permaneció fuerte y respondió decidido: "Aunque Balac me diese su casa llena de plata y oro, no puedo traspasar la palabra de Jehová mi Dios para hacer cosa chica ni grande" (v. 18).

Lucía fuerte, pero no por mucho tiempo. Su motivo oculto se revela en su próxima declaración: "Os ruego, por tanto, ahora, que reposéis aquí esta noche, para que yo sepa qué me vuelve a decir Jehová" (v. 19).

¿No le quedó claro la primera vez? ¿Qué más necesitaba escuchar? Dios había sido muy preciso y seguro la primera ocasión: "No irás con ellos".

¿Era más dinero lo que iba a cambiar la decisión de Dios? Se imagina a Dios diciéndole: "Oh Balaam, puedo ver que vas a ser bendecido. Sólo te estaba reteniendo para que lograras una oferta mejor. ¡Ahora adelante y ve con ellos!" ¡Qué absurdo!

La Palabra de Dios restringe a Balaam

Revise la respuesta de Balaam. "Aunque Balac me diera esta casa llena de plata y oro, yo no podría ir más allá de la palabra del Señor mi Dios, para hacer menos o más". Observe la frase clave: "No podría," en vez de "No iré". Así, indica otra vez que la Palabra de Dios era una ley, un límite o freno para él. Ciertamente no era su deleite.

Balaam tenía suficiente sabiduría espiritual para saber que no podía ir más allá de lo que el Señor decía y permanecer bajo el refugio de la bendición divina. Aún hoy hay quienes asisten a la iglesia y obedecen la Palabra de Dios pero por la misma razón que Balaam. Sirven al Señor con el fin de recibir sus beneficios, en el cielo como en sus vidas terrenales. Le llaman Señor y sin embargo sólo obedecen voluntariamente cuando es para su beneficio.

Tienen tanto sentido espiritual como para meterse en problemas.

Sabiendo que no pueden desobedecer a Dios y permanecer bendecidos, buscan una escapatoria con el fin de hacer su propia voluntad con el permiso de Dios. Buscan el consejo de pastores, consejeros y otros creyentes, cualquiera que sea un vocero de Dios. Quieren que se les diga lo que desean escuchar.

¿HA CAMBIADO DIOS DE PARECER?

Cuando Balaam acudió a Dios por segunda vez, la respuesta fue diferente. Dios le dijo: "Si vinieron para llamarte estos hombres, levántate y vete con ellos; pero harás lo que yo te diga" (v. 20).

¡Dios cambió de opinión! ¡Ahora Balaam podía ir! Quizás el razonamiento de Balaam fue sano después de todo. Tal vez Dios le retuvo para que consiguiera una oferta mejor.

A la mañana siguiente Balaam se levantó, armado con el permiso de Dios para ir. Ensilló su burro y partió con los príncipes de Moab. "Y la ira de Dios se encendió porque él iba; y el ángel de Jehová se puso en el camino por adversario suyo. Iba, pues, él montado sobre su asna, y con él dos criados suyos" (v. 22). ¿Qué hay de malo aquí? Primero Dios dice que no, luego que sí, ¡y entonces se enoja con Balaam cuando fue! ¿Por qué Dios siguió cambiando de opinión?

¡Dios no cambió de opinión! Él sabía que Balaam anhelaba ir. Así que le dio permiso.

Este es un principio que todo creyente debería asir y entender. Cuando acosamos al Señor después que nos muestra Su voluntad claramente, Él puede retirarse y permitirnos seguir nuestro camino; aun cuando eso no se ajuste a Su plan original. Cuando nuestros corazones están puestos en una línea de acción, Dios nos da Su permiso, aunque sepa que más tarde responderemos por el camino que escogimos.

USTED OBTENDRÁ LO QUE SE DETERMINE CONSEGUIR

Encontramos varios ejemplos de esto en la Escritura. Israel fue sobrenaturalmente suplido de maná en el desierto. Fue tan potente y nutritivo que después de comer dos tortas, ¡Elías pudo viajar durante cuarenta días y noches (1 Reyes 19:5-8)! Sin embargo, los hijos de Israel se cansaron del maná como dieta diaria.

> Y la gente extranjera que se mezcló con ellos tuvo un vivo deseo, y los hijos de Israel también volvieron a llorar y dijeron: ¡Quién nos diera a comer carne! Nos acordamos del pescado que comíamos en Egipto de balde, de los pepinos, los melones, los puerros, las cebollas y los ajos; y ahora nuestra alma se seca; pues nada sino este maná ven nuestros ojos.
>
> —Números 11:4-6

Ellos pedían algo de carne y Dios les aseguró su deseo enviándoles codornices. "Comieron, y se saciaron; les cumplió, pues, su deseo. No habían quitado de sí su anhelo" (Salmos 78:29-30). "Aún estaba la carne entre los dientes de ellos, antes que fuese masticada, cuando la ira de Jehová se encendió en el pueblo, e hirió Jehová al pueblo con una plaga muy grande" (Números 11:33).

¿Quién les dio carne? ¡Fue Dios! Sin embargo se enojó mientras comían lo que les había provisto, y vinieron bajo juicio (Salmos 78:31). La razón era mucho más profunda que comer. Dios había mirado más allá de su petición y dentro de sus corazones. Lo que halló fue rebelión, un pueblo con sus corazones puestos en lo que deseaban. Despreciaron la provisión sobrenatural de Dios y se entregaron a sus propios deseos.

Hubo otro precio que pagar por esa petición. Parece que esa nueva dieta alimentaba su carne pero reducía su alma.

> Y él les dio lo que pidieron; mas envió mortandad sobre ellos.
>
> —Salmos 106:15

Una traducción literal dice: "Él [Dios] envió devastación a sus almas".* Fue esta flaqueza o devastación del alma la que les dejó demasiado débiles para poseer la Tierra Prometida. Sí, Dios le dará lo que usted quiera, pero ¿a qué precio para usted? Él es soberano pero no impone Su voluntad sobre usted. Él desea hijos que confíen en que Su camino es mejor para ellos. Y que voluntariamente se sometan a Sus caminos, obedeciendo con gozo, ¡no a regañadientes!

Otro ejemplo de esto es cuando Israel quiso un rey. Samuel trajo su petición ante Dios, que respondió que no era Su voluntad. Dios advirtió de antemano todas las dificultades que un rey causaría.

> Diezmará también vuestros rebaños, y seréis sus siervos. Y clamaréis aquel día a causa de vuestro rey que os habréis elegido, mas Jehová no os responderá en aquel día.
>
> —1 Samuel 8:17-18

"Pero el pueblo no quiso oír la voz de Samuel, y dijo: No, sino que habrá rey sobre nosotros; y nosotros seremos también como todas las naciones, y nuestro rey nos gobernará, y saldrá delante de nosotros, y hará nuestras guerras" (1 Samuel 8:19-20). Dios no quería que fueran como todas las otras naciones; Él los quería a Su manera. Ellos se quejaron y murmuraron, y Dios les dio lo que querían, aun

---

* Green, *A Literal Translation*, Salmos 106:15.

cuando sabía que sufrirían bajo el gobierno de un rey malvado. Y en efecto sufrieron.

Otro ejemplo es la parábola del hijo pródigo, que pidió su herencia antes del tiempo estipulado de su padre. Este sabía lo que le sucedería a la riqueza que había amasado y salvaguardado una vez que estuviera en manos de su inmaduro hijo. Sin embargo no negó la petición de su hijo, sino que le dio su herencia. Pronto, sin un centavo, este terminó en un corral de cerdos.

Estos son sólo algunos ejemplos que ilustran las acciones y consecuencias del disparate que usted enfrenta cuando su corazón se opone a la voluntad de Dios. Aunque Él le conceda su petición, no es sin alguna pérdida.

"¡HE PECADO!"

Volvamos de nuevo a la historia de Balaam. Este montaba su burro camino a tratar de maldecir a Israel cuando "la ira de Dios se encendió porque él iba; y el ángel de Jehová se puso en el camino por adversario suyo" (Números 22:22).

Después de algunos contratiempos con la bestia el Señor le abrió los ojos a Balaam, y él vio al ángel con la espada desenfundada. El ángel le dijo: "¿Por qué has azotado tu asna estas tres veces? He aquí yo he salido para resistirte, porque tu camino es perverso delante de mí" (v. 32).

Balaam vio que estaba a punto de ser juzgado: "He pecado, porque no sabía que tú te ponías delante de mí en el camino; mas ahora, si te parece mal, yo me volveré" (v. 34). Lo lamentaba, pero no porque quebrantó la fe con la instrucción original de Dios. No, temió la consecuencia que enfrentaría. Su pena no era piadosa sino autoservil y le dejaba sensible a hundirse más en el engaño.

"Porque la tristeza que es según Dios produce arrepentimiento para salvación, de que no hay que arrepentirse; pero la tristeza del mundo produce muerte" (2 Corintios 7:10).

Ambas penas se disculpan; ambas dicen: "He pecado"; ambas pueden derramar lágrimas. Sin embargo, sólo una lleva a la vida. ¿Cuál es la diferencia? La pena del mundo se concentra en las consecuencias de la desobediencia. La pena santa se enfoca en el hecho de que ha afligido el corazón de Dios, el mismo que nos ama.

La naturaleza de la pena del rey Saúl, por ejemplo, era obvia. No fue sino hasta que no hubo nadie más a quien culpar que respondió: "Yo he pecado; pero te ruego que me honres delante de los ancianos de mi pueblo y delante de Israel" (1 Samuel 15:30).

Reconoció su pecado, como con frecuencia ocurre cuando uno es atrapado con las manos en la masa. Sin embargo, era una pena egoísta o autoservil. Le preocupaba cómo esta revelación les parecería a sus ancianos y a los hombres de Israel. No le interesaba cómo decepcionaban sus acciones a Dios.

Él trabajaba por sus propios intereses. La orden divina le impidió disfrutar de los resultados de su desobediencia. La Palabra de Dios se había convertido en ley restrictiva, no en delicia para Saúl. Esta condición de su corazón lo hundió más en el engaño.

La actitud de Balaam fue similar. Él también tenía un plan contrario a la voluntad de Dios. Cuando fue confrontado, también reconoció su pecado, pero su pena se concentró en el hecho de que había sido atrapado y que estaba a punto de ser juzgado.

> Entonces Balaam dijo al ángel de Jehová: He pecado, porque no sabía que tú te ponías delante de mí en el camino; mas ahora, si te parece mal, yo me volveré.
> —Números 22:34

"¡Si te parece mal!" ¿Qué hace falta? Un ángel sale a matarlo por su mal camino, y él todavía se imagina que puede llevar a cabo su propio plan y quedarse en los confines de la Palabra de Dios. Él la ve como restrictiva; por lo tanto, fortalece la rebelión en su corazón.

La Palabra de Dios, ¿ley o vida?

La rebelión se descubre por nuestra reacción a la Palabra de Dios. ¿Es deleite o freno? Cuando la serpiente tergiversó la Palabra de Dios en la mente de Eva, se convirtió en ley en vez de vida, y ella desobedeció. La rebelión se levantó, y ella murió espiritualmente.

La actitud de Moisés hacia Dios le apartó de los hijos de Israel. Moisés tenía hambre de Dios. Se deleitaba en Su camino y Su palabra. La primera vez que Dios se le manifestó a Moisés como fuego en la zarza, este respondió: "Iré yo ahora y veré esta grande visión" (Éxodo 3:3). Desde ese momento en adelante Dios fue su vida, su objetivo constante, Dios fue el foco del corazón de Moisés; se reuniera Dios con él sobre la montaña o en el tabernáculo de reunión.

En contraste, los hijos de Israel sólo estaban interesados en lo que Dios podía hacer por ellos. No anhelaban conocerlo ni agradarlo. Querían conocer cómo Dios iba a agradarles a ellos. Por lo tanto la Palabra de Dios era una ley para ellos. Esta actitud del corazón les hizo incapaces de obedecerle por generaciones.

Esa actitud mental fortalece la tentación en vía a la desobediencia. Un buen ejemplo es la reacción del pueblo a la Palabra de Dios con respecto a la abstinencia hasta el matrimonio. He escuchado con frecuencia acerca de parejas que cometen fornicación antes del matrimonio. Dado que ven los lineamientos de Dios como restricciones, y no como sabiduría protectora y perfecta, la ley enciende su deseo sexual por el otro.

Surge el razonamiento. *No puede estar mal. Estamos enamorados; por lo tanto, es puro. Ya estamos unidos espiritualmente, y a la larga nos casaremos. Estoy seguro que esta es la pareja correcta para mí. ¿Por qué negarnos y esperar por el matrimonio convencional? Podemos disfrutar la belleza de ser uno ahora.*

La ley lleva a la lujuria, esta lleva al razonamiento y este a la rebelión. Ellos creen completamente que su razonamiento es aceptable a Dios porque están engañados y en rebelión. La puerta está abierta para que Satanás les robe.

Pueden casarse finalmente, pero entonces descubren que su deseo sexual por el otro mengua. Ahora es legal, y la lujuria que encendió su pasión se fue. Su matrimonio ha perdido el deseo puro que Dios planeó.

Dirija su propio estudio acerca de la Escritura sobre la rebelión. En cada lugar que encuentre rebelión, observará que la Palabra de Dios fue considerada restrictiva por el rebelde. Esto es cierto no sólo en la Escritura sino en nuestro mundo hoy también. Y nos lleva a la próxima porción de nuestro estudio. Si considerar la Palabra de Dios como una ley que restringe fortalece la rebelión, ¿qué fortalece la obediencia?

LA FUERZA DE
LA OBEDIENCIA

Debido a un intenso amor por Dios, nos deleitamos en cumplir Su voluntad

Dos poderosas fuerzas nos fortalecen para obedecer a Dios: el amor a Él y el temor del Señor. Nuestra vida debe mostrar ambas cosas si debemos terminar nuestra carrera de obediencia.

"Si me amas..."

Me preparaba para ministrar una noche orando. Estaba consciente del deseo de Dios de hablar algo a mi espíritu. Me tranquilicé ante Él, y me habló: "Lee Juan 14:15".

Sólo por la referencia yo no tenía idea de lo que Juan 14:15 decía. Así que lo abrí y observé en mi Biblia que comenzaba un nuevo párrafo.

Leí estas palabras de Jesús: "Si me amáis, guardad mis mandamientos". Leí desde el versículo 15 hasta el 24. Los diez versículos se relacionaban con el 15. Después de leer el último el Señor habló a mi corazón: "No lo entendiste. Léelo otra vez".

Leí los diez versículos otra vez. Lo que escuchaba a través de esas Escrituras era: "Al guardar mis mandamientos, pruebas que me amas".

Una vez más escuché Su voz hablar: "No lo entendiste, léelo otra vez". Sucedió varias veces hasta que mi frustración comenzó a aumentar.

Exasperado, ya casi la octava vez clamé: "¡Señor, por favor, perdona mi ignorancia! ¡Abre mis ojos para ver lo que estás diciendo!"

Luego leí el versículo 15 otra vez: "Si me amáis, guardad mis mandamientos". Observé una nota de referencia al lado de la palabra guardad. Fui a las notas de referencia en el margen y observé que la traducción más precisa era "guardarás". Al sustituir esta frase en el lugar de la simple palabra guardad el versículo dice: "Si me amas, guardarás mis mandamientos".*

Cuando lo leí así, cohetes despegaron dentro de mí. Vi lo que me estaba diciendo. "John, no estaba diciendo que si guardas mis mandamientos probarás que me amas. ¡Ya yo sé si me amas o no! Lo que te dije es: Si te enamoras locamente de mí, ¡serás capaz de guardar mis mandamientos!" Mi punto de ventaja original era la ley; la nueva visión es la relación.

SI AMA A ALGUIEN, LO DEMUESTRA

¿Alguna vez se ha enamorado? Cuando estaba comprometido con mi esposa, Lisa, estaba locamente enamorado de ella. Pensaba siempre en ella. Estaba dispuesto a hacer cualquier cosa que pudiera sólo para pasar tiempo con ella. Si necesitaba algo, sin importar el inconveniente, si era posible, lo conseguiría para ella. Si me hubiera llamado a medianoche y dicho: "Cariño, quiero helado," le habría dicho: "¿Quieres chocolate o vainilla?" "¡Estaré ahí en cinco minutos!" Habría hecho todo para cumplir cualquier deseo o petición que me hiciera.

---

* Estaba leyendo la versión Reina Valera. Versiones más modernas utilizan la palabra guardarás en el texto principal (ver NVI).

Dado mi intenso amor por ella, era un gozo hacer cualquier cosa que ella quisiera. Y no lo hacía para probar que la amaba, simplemente ¡lo hacía porque la amaba! Esto ejemplifica lo que Jesús decía. Debido a un intenso amor por Él, nos deleitamos en cumplir Su deseo. ¡Su palabra no es una ley restrictiva, sino nuestra pasión consumidora!

"ME DELEITO EN HACER TU VOLUNTAD"

En este sentido miremos al rey David. Un hombre que amaba a Dios con pasión. Dios dijo: "He hallado a David hijo de Isaí, varón conforme a mi corazón, quien hará todo lo que yo quiero" (Hechos 13:22). No había rebelión voluntaria en su vida. ¿Qué le daba la habilidad para hacer toda la voluntad de Dios? Se deleitaba en los mandamientos de Dios. No los veía como freno sino como lazos de su relación con Dios. ¡David escribió con frecuencia sobre la ley!

> Y me regocijaré en tus mandamientos, los cuales he amado... Pues tus testimonios son mis delicias y mis consejeros.
>
> —Salmos 119:47, 24

> Me regocijaré en tus estatutos; no me olvidaré de tus palabras.
>
> —Salmos 119:16

> Guíame por la senda de tus mandamientos, porque en ella tengo mi voluntad.
>
> —Salmos 119:35

> El hacer tu voluntad, Dios mío, me ha agradado, y tu ley está en medio de mi corazón.
>
> —Salmos 40:8

EL AMOR PRODUCE ARREPENTIMIENTO GENUINO

David amaba a Dios; por lo tanto, su deleite era obedecerle. Sin embargo, hubo un período oscuro en su vida, una temporada cuando se apartó de esa obediencia. Tomó a Betsabé, esposa de Urías hitita, uno de sus soldados fieles. Cuando David descubrió que estaba embarazada trató de ocultarlo de su esposo trayéndolo a su casa a dormir con ella. Como Urías no fue a su esposa porque los otros soldados estaban todavía en el frente, David le hizo matar.

Una vez más un profeta fue enviado para confrontar a un rey. Esta vez el monarca David fue confrontado por el profeta Natán. Este descubrió la traición de David. Y pronunció juicio sobre el rey: "Por lo cual ahora no se apartará jamás de tu casa la espada... por cuanto con este asunto hiciste blasfemar a los enemigos de Jehová" (2 Samuel 12:10,14). La desobediencia de David abrió la puerta del diablo. Esto dejó su vida y familia vulnerables a los enemigos de Dios, no sólo los naturales sino también los espirituales. La familia y la nación sufrirían por la vía de su desobediencia.

En medio de esa intensa confrontación, el amor de David por Dios hizo que se arrepintiera rápidamente y regresara a una vida de obediencia. Lloró ante el profeta: "Pequé contra Jehová" (2 Samuel 12:13).

Tanto Saúl como David confesaron su pecado. Sin embargo Saúl estaba preocupado por sí mismo mientras que David entendió qué había engañado a su corazón. A diferencia de Saúl, David no estaba interesado en lo que sus ancianos y los hombres de Israel pensaran. Estaba sólo ante su Dios y sólo le preocupaba lo que Él pensara. Amaba a Dios más que a nadie o más que a cualquier cosa. Consciente de que había herido el corazón de Dios, no se permitiría ser consolado por el hombre. Él quería reconciliarse con Su Maestro.

Por eso clamó: "Contra ti, contra ti sólo he pecado, y he hecho lo malo delante de tus ojos" (Salmos 51:4). Su corazón estaba herido por el peso de su engaño al que amaba. Esa fue la consecuencia más dolorosa de su desobediencia. A diferencia de Balaam, no fue la espada lo que David temió; no podía soportar la brecha entre su Señor y él.

El hijo de David con Betsabé murió. Su hija fue violada y deshonrada por su propio hermano. Un hijo asesinó a otro, y su hijo preferido se levantó contra él en rebelión, tomó el trono e intentó asesinarlo a él, su propio padre. Luego ese hijo fue asesinado. El precio de la desobediencia de David fue grande, pero Dios lo mantuvo como rey.

David era conforme al corazón de Dios, ¡mientras que Saúl iba detrás de un reino! David era sostenido por su amor a Dios; Saúl fue destruido por su amor a sí mismo. El juicio de Dios por la falla de David en mantener Su ley no hizo que David se rebelara y viera la ley como imposible. Al contrario, le hizo que amara a Dios aun más apasionadamente como para no fallarle de nuevo.

Estas dos vidas ilustran lo que el Señor me reveló a través de Juan 14:15. Cuando amamos a Jesús con todos nuestros corazones, podemos obedecerle. Todo lo demás palidece en comparación porque nada es más importante. Él se convierte en nuestra vida.

El temor del Señor

La segunda fuerza que fortalece la obediencia es el temor del Señor. Proverbios 16:6 dice: "Y con el temor de Jehová los hombres se apartan del mal". Por el temor del Señor los hombres se apartan de la desobediencia.

Mucho puede aprenderse al examinar a los hijos de Israel. Pablo explicó sus experiencias en el desierto: "Y estas cosas les acontecieron como ejemplo, y están escritas para amonestarnos [instruirnos] a nosotros, a quienes han alcanzado los fines de los siglos" (1 Corintios 10:11). Debemos aprender de su ejemplo.

Ellos perdieron la promesa de Dios debido a su desobediencia. Pablo explicaba: "¿Y a quiénes juró que no entrarían en su reposo, sino a aquellos que desobedecieron?" (Hebreos 3:18).

Su desobediencia no era debido a una falta de conocimiento. La Palabra de Dios les había sido proclamada. "¿Quiénes fueron los que, habiendo oído, le provocaron?" (Hebreos 3:16).

¿Por qué entonces desobedecieron al Dios que había hecho tantos milagros poderosos y que habitó en medio de ellos? Dios lo resumió de esta manera:

> ¡Quién diera que tuviesen tal corazón, que me temiesen y guardasen todos los días todos mis mandamientos, para que a ellos y a sus hijos les fuese bien para siempre!
>
> —Deuteronomio 5:29

Ellos no temían a Dios; por lo tanto, no podían guardar Sus mandamientos. El que teme a Dios dispone su corazón a guardar todas Sus ordenanzas, no sólo las que elige o las que le convienen. Temer a Dios es temblar ante Su palabra. Usted no tomará a la ligera nada de lo que Dios dice. Cada orden es considerada importante.

Lea con atención la siguiente exhortación dada a los creyentes del Nuevo Testamento:

> Temamos, pues, no sea que permaneciendo aún la promesa de entrar en su reposo, alguno de vosotros parezca no haberlo alcanzado.
>
> —Hebreos 4:1

Este versículo nos exhorta a temer por temor a que no alcancemos entrar en la promesa de Dios como los hijos de

Israel. ¿Cómo podría un creyente en el Nuevo Testamento perder las promesas de Dios? Pablo afirma: "Procuremos, pues, entrar en aquel reposo, para que ninguno caiga en semejante ejemplo de desobediencia" (Hebreos 4:11).

Existe un vínculo entre la desobediencia y la carencia de temor del Señor, tal como la obediencia se equipara con el temor del Señor. Encontramos la fortaleza para obedecer escondida en el temor del Señor.

> Así que, amados, puesto que tenemos tales promesas, limpiémonos de toda contaminación de carne y de espíritu, perfeccionando la santidad en el *temor de Dios*.
> —2 Corintios 7:1, énfasis agregado

ÉL NOS PRUEBA CON LA FALTA DE SU PRESENCIA

El temor del Señor incluye, pero no está limitado a, la reverencia y el respeto. Es reconocerlo con la gloria, el honor y la preeminencia que sólo Él posee. Cuando mantenemos esta posición en nuestros corazones, lo estimamos a Él y a Su deseo por encima de los nuestros. Odiaremos lo que Él odia y amaremos lo que ama, temblando ante Su palabra y en Su presencia.

Creo que Dios retendrá Su gloria para probarnos y prepararnos. ¿Temeremos a Él y le obedeceremos aun cuando su presencia tangible no sea manifiesta? Con cuanta frecuencia la iglesia moderna se comporta tan tontamente como los hijos de Israel, regocijándose en Su presencia y milagros y, sin embargo, pecando cuando faltan esas cosas.

Los israelitas se emocionaban cuando Dios les bendecía y obraba milagros poderosos para ellos. Cuando Dios dividió el Mar Rojo y los pasó por tierra seca, enterrando a sus enemigos detrás de ellos, cantaron, bailaron y gritaron victoria

(Éxodo 15:1-21). ¡Suena como un servicio avivado de nuestros días!

Pero sólo unos días después, cuando Su poder no era tan aparente y la comida y la bebida escaseaban, se quejaban contra Dios y querían regresar a Egipto. Olvidaban con rapidez su cautividad y decidían que la cautividad era mejor (Éxodo 16:3).

Más tarde Dios descendió en Su asombroso esplendor sobre el Monte Sinaí, envuelto en una nube oscura para escudar su brillante gloria. Hubo truenos, relámpagos y terremotos. ¡Imagine la magnitud de Su gloria!

Dios había venido a hablar a los hijos de Israel y a Moisés. Ahora no se quejaban ni desobedecieron en su temida presencia, estaban atemorizados y se ocultaban de Su presencia asombrosa. Moisés les imploró: "No temáis; porque para probaros vino Dios, y para que su temor esté delante de vosotros, para que no pequéis" (Éxodo 20:20). Observe las palabras de Moisés: "para que no pequéis".

Es muy importante notar la diferencia entre tenerle miedo a Dios y temerle. Si la gente tiene miedo de Dios corre y se esconde de Él. No guardarán Su palabra porque no conocerán Su corazón. Los hijos de Israel se retiraron de la gloriosa presencia de Dios. Aunque prometieron guardar Su palabra (Éxodo 24:13), no pudieron hacerlo durante dos mil años.

Por otra parte, el que teme a Dios (pero no tiene miedo de Él) se le acercará: "Entonces el pueblo estuvo a lo lejos, y Moisés se acercó a la oscuridad en la cual estaba Dios" (Éxodo 20:21). Sólo cuando nos acercamos encontramos la fortaleza para obedecer. Muchos padres descubren que los hijos más cercanos a ellos son los más obedientes.

Usted pensará que después de experimentar toda esa gloria, los hijos de Israel obedecerían, ¿correcto? ¡Falso! Mientras se alejaban, Moisés fue a la cima de la montaña. Con Moisés lejos, la presencia de Dios no era tangible. ¿Qué hizo el pueblo? ¡Tomaron el oro de las mujeres egipcias que

Dios les dio y construyeron un becerro de oro! ¿Interesante no? ¡Tomaron las bendiciones de Dios e hicieron un ídolo! (¿Algunas veces en la iglesia convertimos las bendiciones de Dios en ídolos?) Una vez más, fue la falta de temor de Dios lo que produjo su desobediencia en ausencia de Dios.

UNA RESPUESTA TOTALMENTE DIFERENTE

José fue otra historia. Dios le dio un sueño que le mostró que sería un gran líder. Él guiaría a sus hermanos y hasta a su padre y a su madre. Los hijos de Israel tenían una promesa de una tierra nueva y José tenía una de liderazgo. Pero ¿qué sucedió después que recibió esa promesa? Los hermanos sobre los que gobernaba en su sueño terminaron arrojándolo a un foso. Sin embargo, no encontramos evidencia de que José se quejara contra Dios.

Entonces fue vendido como esclavo a una nación extranjera por esos mismos hermanos. Sirvió como esclavo en la casa de otro hombre por más de diez años. Aunque Dios le dio un sueño, cada día, cada año, él parecía encaminarse en la dirección opuesta. Imagine sus pensamientos: *¿Dónde está Dios? ¿Dónde está Su promesa?* Sin embargo, peleó con esas dudas ¡no cedió a ellas!

Los hijos de Israel no batallaron contra las dudas, las consintieron. Aunque José fue paciente durante diez años, ¡ellos estaban listos para renunciar a menos de cuarenta días! Mucha gente tiene pensamientos amargos respecto a Dios si sus oraciones no son contestadas en dos semanas. Muy diferente a José, ¿no le parece?

José perseveró por más de diez años sin ninguna pista en cuanto al cumplimiento de la promesa de Dios. Estaba en una tierra pagana aislado de todo lo que había conocido y amado. La esposa del hombre a quien sirvió fielmente puso sus ojos en él. Ella tenía un espíritu fuerte y seductor y lo deseaba. Vestida con lo mejor de Egipto y llevando el mejor perfume, sabía cómo seducir a un hombre. Ella no lo buscó una vez sino a diario.

Me encanta la forma en que José temía a Dios. Él no desobedeció, aunque había experimentado dificultades y decepción. Se negó a esa atractiva mujer. "¿Cómo, pues, haría yo este grande mal, y pecaría contra Dios?" (Génesis 39:9). Consecuentemente dijo no. Esta obediencia a Dios al final resultó en prisión en los calabozos del Faraón. ¡Aun allí él continuaba temiendo a Dios! Ningún engaño podía apartar el corazón de este hombre de la obediencia a Dios.

Hay quienes predican mensajes en la iglesia que le harían creer que si está en dificultad, está fuera de la voluntad de Dios. ¡Aun en obediencia a Dios, José sufrió!

TEMOR Y TEMBLOR

Está claro que el temor a Dios concede la fortaleza para obedecer mientras que su falta lleva a la desobediencia.

> Por tanto, amados míos, como siempre habéis obedecido, no como en mi presencia solamente, sino mucho más ahora en mi ausencia, ocupaos en vuestra salvación con temor y temblor, porque Dios es el que en vosotros produce así el querer como el hacer, por su buena voluntad.
>
> —Filipenses 2:12-13

Sé que esta es una carta del apóstol Pablo a los filipenses, pero también es una misiva del Señor para nosotros. Me gusta leer este versículo como si Dios me estuviera hablando personalmente. Muestra cómo el temor de Dios me fortalecerá para obedecerle no sólo en Su presencia sino también en Su ausencia. (No estoy diciendo que Él se aparte de nosotros, ya que ha dicho que no nos abandonará; estoy hablando de las ocasiones cuando no lo sentimos o cuando Sus promesas todavía están por cumplirse.)

Dios obrará en aquellos que le temen para que quieran hacer Su voluntad y la hagan realidad. Escucho a muchos proclamar esta promesa, aunque sus beneficios están limitados a aquellos que temen y tiemblan ante el Señor Todopoderoso.

Existe un entendimiento tan débil del temor del Señor. Muchos lo ven como una virtud opcional en el Nuevo Testamento o lo limitan a la reverencia o el respeto a Dios. Sin embargo, si todo lo que necesitamos es respeto, ¿por qué Pablo describe "temor y temblor"? Temblar no suena como simple respeto.

Si significara sólo reverencia, ¿por qué el escritor de Hebreos nos amonestó: "Tengamos gratitud, y mediante ella sirvamos a Dios agradándole con temor y reverencia; porque nuestro Dios es fuego consumidor" (Hebreos 12:28-29)? Créame, ¡el fuego que lo consume todo inspira más que la simple reverencia!

PADRE CELESTIAL Y FUEGO CONSUMIDOR

Nuestro Dios Padre, el gran fuego consumidor, Aquel que colocó las estrellas en el cielo con Sus dedos, merece mucho más asombro que el que le hemos dado. ¿Cómo podemos proclamar conocerle si no le tememos? El temor del Señor es el comienzo, el inicio mismo, de conocerle (Proverbios 1:7; 2:5). Usted verdaderamente no ha comenzado a conocerle hasta que adquiere el temor de Él.

Sí, Él nos ama. Él es amor (1 Juan 4:8). ¡Pero también es fuego consumidor! Él es nuestro Padre (Romanos 8:15), pero también es el Juez de todo (Hebreos 12:23). Sí, debemos obedecerle, pero también debemos temerle. Somos amonestados: "Mira, pues, la bondad y la severidad de Dios" (Romanos 11:22).

Nuestro ministerio y la obediencia a Él están incompletos sin el amor y el temor. "A algunos que dudan, convencedlos. A otros salvad, arrebatándolos del fuego; y de otros tened misericordia con temor, aborreciendo aun la ropa contaminada por su carne" (Judas 22-23).

Pidámosle a Dios que nos llene con Su amor (Romanos 5:5) pero no para negar el Espíritu de Su santo temor (Isaías 11:2-3). Estas dos fuerzas nos capacitarán para caminar en obediencia ante Él.

8

GRACIA
QUE
DESCARRÍA

La gracia no es simplemente una coartada

Nuestra iglesia moderna ha desarrollado un proceso de pensamiento engañoso concebido y originado por una enseñanza desequilibrada de la gracia. Con mucha frecuencia escucho acerca de la gracia en referencia a una excusa o coartada para una vida de desobediencia. Para decirlo con más franqueza, se usa como justificación para estilos de vida carnales autogratificantes.

Muchos círculos cristianos reenfatizan las bondades de Dios hasta la negación de Su santidad y justicia. Este giro hasta la extrema izquierda ha ocasionado que muchos pierdan su gusto por el consejo de Dios. No difiere mucho de un niño que no está acostumbrado a una dieta balanceada porque sólo come lo que quiere. Con ello se le quita al niño no sólo el gusto de algunas comidas sino también la nutrición que su cuerpo necesita de ellas.

Nunca desarrollaremos apetito por las cosas que no hemos probado. Para permanecer equilibrados debemos mirar "la bondad y la *severidad* de Dios" (Romanos 11:22, énfasis agregado). Si nuestro consejo no está balanceado tenemos una tendencia a desarrollar un entendimiento de Dios retorcido o sesgado. En conversaciones y púlpitos he escuchado a creyentes y líderes utilizar la gracia y el amor de Dios como excusa para desobedecer. La gracia es inmerecida y cubre, pero no de la manera en que se nos ha enseñado.

Esa falta de equilibrio se ha infiltrado en nuestro pensamiento tan bien que sentimos la libertad de desobedecer a Dios en cualquier momento que nos sea inconveniente. Nos aseguramos de que la gracia cubra nuestra desobediencia. Después de todo, Dios nos ama y entiende cuán ocupados estamos, y nos quiere felices ¡a cualquier costo! ¿Correcto? Seguramente, no solemos verbalizar este proceso de pensamiento, sin embargo existe.

Tal pensamiento se invalida por el fruto que vemos en la iglesia. Por desdicha, no es poco común encontrar miembros de la iglesia que son irreverentes hacia todas las formas de autoridad. Hacen su voluntad, son tercos, insubordinados y destinados y controlados por sus diversas lujurias.

Persiguen el estilo de vida y las posesiones del mundo y las llaman bendiciones del Señor. Inconscientes de su engaño, descansan seguros, sosegados por un falso sentido de seguridad basado en la gracia de Dios. La gracia de Dios no es simplemente una coartada. Sí, cubre, pero va más allá, nos capacita y da poder para vivir una vida de obediencia.

NO SIMPLEMENTE UNA COARTADA

Observe el principio que Dios busca en la vida del creyente. Jesús dijo:

> Oísteis que fue dicho a los antiguos... Pero yo os digo.
> —Mateo 5:21-22

Jesús utilizó este patrón cinco veces más en el resto del capítulo. Primero citó el requerimiento de la ley de Moisés con: "Oísteis que fue dicho". Luego introdujo lo que Dios busca del creyente bajo el nuevo pacto con: "Pero yo os digo". Al hacer eso contrastó la ley mosaica con la gracia y la verdad.

Pues la ley por medio de Moisés fue dada, pero la gracia y la verdad vinieron por medio de Jesucristo.

—Juan 1:17

Esta es la razón por la que dijo: "Pero yo os digo". Introdujo la dimensión que la gracia impartiría a la ley. Una era un freno externo mientras la otra era una transformación interna.

Con frecuencia escucho a creyentes y ministros lamentar las duras exigencias de la ley, entonces expresan su alivio por estar bajo la gracia y no tener que seguir ese estilo de vida rígido. Bueno, yo también me regocijo sobremanera de que ya no estoy bajo la ley. Pero no es porque el estándar de obediencia de Dios sea mucho más indulgente ahora. ¡Su estándar es más alto bajo la gracia! Veamos lo que dijo Jesús acerca de asuntos específicos.

Oísteis que fue dicho: No cometerás adulterio. Pero yo os digo que cualquiera que mira a una mujer para codiciarla, ya adulteró con ella en su corazón.

—Mateo 5:27-28

El juicio de culpabilidad se dictaba bajo el antiguo pacto si se cometía un acto de adulterio físicamente. En contraste, bajo el nuevo pacto, el veredicto de culpabilidad se dicta si el hombre simplemente mira a una mujer con deseo en su corazón. En palabras sencillas, bajo la ley usted tenía que hacerlo; bajo el nuevo pacto de gracia —reitero: Bajo el nuevo pacto de gracia—, todo lo que debe hacer es ¡tener el pensamiento tentador!

Examinemos nuestra comparación:

Oísteis que fue dicho a los antiguos: No matarás; y cualquiera que matare será culpable de juicio. Pero yo os digo que cualquiera que se enoje contra su hermano, será culpable de juicio; y cualquiera que diga: Necio, a su hermano, será culpable ante el concilio; y cualquiera que le diga: Fatuo, quedará expuesto al infierno de fuego.

—Mateo 5:21-22

La palabra fatuo puede ser traducida toscamente como "tonto", pero la idea es en realidad "tú, tonto, bueno para nada".* Era un término de reproche usado regularmente entre los judíos en el tiempo de Cristo. Si la ira alcanzaba el punto en que uno llamaba a un hermano tonto, Jesús dijo que estaba en peligro de ir al infierno.

En el Antiguo Testamento usted era culpable de asesinato si arrebataba una vida física. Bajo la gracia del Nuevo Testamento, ¡Dios equipara la rabia contra su hermano con la severidad del asesinato! Primera de Juan 3:15 dice: "Todo aquel que aborrece a su hermano es homicida; y sabéis que ningún homicida tiene vida eterna permanente en él".

Bajo la ley usted tenía que pasar un cuchillo a través de alguien. Bajo la gracia si rehúsa perdonar o si permite que el prejuicio u otra forma de odio gobierne su corazón, esto es evidencia de que la vida eterna o la gracia de Dios no habita en su corazón.

Nos engañaron para hacernos creer que la entrada al reino de Dios está garantizada por la equidad del corazón. Una vez más, ¿suena como la gracia que hemos vivido y se nos ha enseñado? Somos tentados a ver la gracia como una gran coartada.

Si la gracia fuera simplemente una coartada, entonces Jesús contradijo la misma gracia que vino a impartir.

Pero eso no es cierto, porque en Tito 2:11-12 encontramos: "Porque la gracia de Dios se ha manifestado para salvación a todos los hombres, enseñándonos que,

---

* *Nave's Topical Bible* in PC Study Bible Version 3.1 (BibleSoft), s.v. "Raca".

renunciando a la impiedad y a los deseos mundanos, vivamos en este siglo sobria, justa y piadosamente". La gracia es la habilidad para vivir libre de la impiedad y del deseo mundano. En realidad, es la capacidad de vivir un estilo de vida de obediencia.

La presencia de lujurias carnales externas es una manifestación de un corazón desobediente.

> Porque sabéis esto, que ningún fornicario, o inmundo, o avaro, que es idólatra, tiene herencia en el reino de Cristo y de Dios. Nadie os engañe con palabras vanas, porque por estas cosas viene la ira de Dios sobre los hijos de desobediencia.
>
> —Efesios 5:5-6

Observe que Pablo se refiere a aquellos que no entrarán al reino de Dios como "hijos de desobediencia". Su pecado externo estaba enraizado en un corazón desobediente.

Las manifestaciones externas de Caín fueron rabia, celos y asesinato. Pero la raíz de ellas era su desobediencia a la autoridad de Dios.

SALVOS POR GRACIA

El escritor de Hebreos exhorta: "Tengamos gratitud, y mediante ella sirvamos a Dios agradándole con temor y reverencia" (Hebreos 12:28). La gracia es una fuerza que nos capacita para servir a Dios aceptablemente. Es la esencia del poder para vivir una vida de obediencia a Dios. Es la prueba de nuestra salvación. Porque se nos ha dicho que Jesús "se dio a sí mismo por nosotros para redimirnos de toda iniquidad y purificar para sí un pueblo propio, celoso de buenas obras" (Tito 2:14).

En respuesta, algunos pueden argumentar: "Pero la Biblia dice: 'Porque por gracia sois salvos por medio de la fe; y esto no de vosotros, pues es don de Dios; no por obras, para que nadie se gloríe'" (ver Efesios 2:8-9.)

Sí, es cierto. Es imposible vivir una vida digna de nuestra herencia en el reino de Dios por nuestra propia fuerza, porque todos hemos pecado y hemos quedado cortos para el estándar recto de Dios (Romanos 3:23). Ninguno será nunca capaz de pararse frente a Dios y proclamar que sus obras, hechos de caridad, o su buena vida le ha ganado el derecho de habitar Su reino. Cada uno de nosotros ha transgredido y merece quemarse en el lago de fuego eternamente.

¡La respuesta de Dios para nuestra debilidad es la salvación a través de Su regalo de gracia! ¡Un regalo no puede merecerse! Romanos 4:4 dice: "Pero al que obra, no se le cuenta el salario como gracia, sino como deuda". Si usted trabaja por ella, no es gracia. Aunque trate de ganarse la gracia, nunca podrá vivir lo suficientemente bien para obtenerla. Usted podría derramar su vida en sacrificio y abundar en obras de caridad y, sin embargo, nunca ganar esa gracia. Es un regalo, y se recibe a través de la fe en Jesús.

Muchos en la iglesia entienden esto. Cuando Martín Lutero recibió esta revelación en 1500, fue tan revolucionaria que originó la Reforma. La comprensión del regalo de la gracia sacó a algunos de la densa oscuridad espiritual. Es correcto predicar sobre la fuerza de esta verdad como lo hemos hecho en iglesias tanto evangélicas como llenas del Espíritu.

Pero fallamos al hacer énfasis en el poder de la gracia no sólo para redimirnos sino también para garantizarnos la capacidad de vivir de una nueva manera. Porque la Palabra de Dios declara:

> Así también la fe, si no tiene obras, es muerta en sí misma. Pero alguno dirá: Tú tienes fe, y yo tengo obras. Muéstrame tu fe sin tus obras, y yo te mostraré mi fe por mis obras.
>
> —Santiago 2:17-18

LA FE QUE OBRA

Santiago no estaba contradiciendo a Pablo. Estaba redondeando o aclarando el mensaje de Pablo. La evidencia de que una persona recibe el regalo divino de la gracia es una vida de obediencia al Señor. Una persona que consecuentemente desobedece la Palabra de Dios es alguien en quien la fe nunca ha existido verdaderamente o que ha fallado. ¿Qué? ¿La fe de una persona puede morir? ¡Absolutamente! Jesús le dijo a Pedro: "Pero yo he rogado por ti, que tu fe no falte; y tú, una vez vuelto, confirma a tus hermanos" (Lucas 22:32). Si la fe fuera incapaz de fallar, ¿Por qué Jesús habría orado de esa manera?

Jesús advirtió a Su iglesia: "Recuerda, por tanto, de dónde has caído, y arrepiéntete, y haz las primeras obras; pues si no, vendré pronto a ti, y quitaré tu candelero de su lugar, si no te hubieres arrepentido" (Apocalipsis 2:5). Él trató con el hecho de que sus obras habían fallado. ¡No mencionó sus intenciones! ¡Oh amados, escuchen Su Palabra y dejen de escuchar las doctrinas incompletas de simples hombres!

> Vosotros veis, pues, que el hombre es justificado por las obras, y no solamente por la fe.
>
> —Santiago 2:24

Santiago introdujo esta declaración utilizando a Abraham, el padre de la fe, como ejemplo: "¿No fue justificado por las obras Abraham nuestro padre, cuando ofreció a su hijo Isaac sobre el altar? ¿No ves que la fe actuó juntamente con sus obras, y que la fe se perfeccionó por las obras? Y se cumplió la Escritura que dice: Abraham creyó a Dios, y le fue contado por justicia" (Santiago 2:21-23).

¿Qué sucedió aquí? Abraham *creyó* en Dios y por lo tanto hizo las obras que resultaron en justificación. En nuestros días la *creencia* ha sido reducida a consentimiento mental.

Multitudes han pronunciado la oración del pecador porque fueron movidos emocionalmente, sin embargo regresaron a la senda de la desobediencia. Continuaron viviendo por sí mismos. Confiando en una salvación intelectual que nunca cambió sus corazones. Sí, creen en Dios, pero Santiago dijo: "Tú crees que Dios es uno; bien haces. También los demonios creen, y tiemblan" (Santiago 2:19). ¿Qué bien existe en reconocer a Jesucristo sin un cambio del corazón y así un cambio en las acciones?

En las Escrituras encontramos que *creer* significa no sólo reconocer la existencia de Jesús sino también obedecer Su voluntad y Su Palabra. Hebreos 5:9 dice que Jesús se convirtió en el "autor de eterna salvación para todos los que le obedecen". Creer es obedecer. La prueba de la creencia de Abraham estaba en sus correspondientes actos de obediencia". Él ofreció lo que le era más preciado. Nada, ni siquiera su hijo, significaba más para él que obedecer a Dios. Esta es la verdadera fe. Esta es la razón por la que es honrado como el padre de la fe (Romanos 4:16). ¿Vemos esta fe de forma evidente en la iglesia de hoy? ¿Cómo hemos sido tan engañados?

Sólo *decir* que usted tiene fe no prueba que realmente la tenga. ¿Cómo puede ser real la fe sin las correspondientes acciones de obediencia? Escuche las palabras otra vez: "Vosotros veis, pues, que el hombre es justificado por las obras, y no solamente por la fe" (Santiago 2:24). Quizás llegará el día cuando la iglesia proclamará esta Escritura tan fuertemente como en Efesios 2:8-9. Entonces será entusiasta, no enredada en una condición peligrosa y tibia.

EL MENSAJE DE JESÚS A SU IGLESIA EN LOS ÚLTIMOS DÍAS

El libro de Apocalipsis encierra un mensaje a siete iglesias históricas. Pero la aplicación de ellos no se limita a esas iglesias o no estarían incluidos como Escrituras. Cada mensaje contiene una aplicación histórica y profética. La mayoría de los teólogos concuerdan en que las siete iglesias representan un patrón cronológico que progresa desde la Iglesia primitiva hasta la presente y la porvenir.

Aunque no conocemos el día o la hora de Su regreso, Jesús dijo que conoceríamos el tiempo. Muchos están de acuerdo en que estamos viviendo en la época de Su regreso. Por lo tanto la última palabra, Laodicea, aplicaría proféticamente a nosotros. Primero observe, esta carta no fue escrita a la ciudad de Laodicea, ¡sino a su iglesia! Recuerde eso mientras lee.

> Y escribe al ángel de la iglesia en Laodicea: He aquí el Amén, el testigo fiel y verdadero, el principio de la creación de Dios.
>
> —Apocalipsis 3:14

Jesús se llamó a sí mismo el Testigo fiel y verdadero. Fiel significa que es consecuente y constante. Verdadero significa que sólo hablará la verdad, aunque no sea placentera. Fiel y verdadero significa que será congruentemente verdadero, sin importar la reacción o la presión.

El testigo falso miente y adula. Dice sólo lo que usted quiere escuchar a expensas de lo que necesite oír. Un vendedor deshonesto quiere su dinero y le tratará de manera muy agradable diciéndole exactamente lo que usted quiere escuchar. Pero su motivación es robarle. Como iglesia hemos abrazado ministerios que nos han dicho lo que queremos escuchar. Sólo queríamos oír cosas lindas y maravillosas en detrimento de la verdad que necesitamos.

Jesús conforta y construye pero no a costa de decirle la verdad. ¡Él ama y perdona, pero también castiga y corrige! Escuche Sus palabras:

Yo conozco tus obras, que ni eres frío ni caliente.

—Apocalipsis 3:15

Observe que Él dice obras, no intenciones. El camino al infierno está pavimentado con buenas intenciones. ¿Cómo conocía Él su condición? Por sus obras o sus acciones.

Las acciones de aquellos que son fríos son desobediencia evidente para Dios. Ellos no pretenden ser algo que no son. Están perdidos y lo saben. Saben que no están sirviendo a Dios. Sirven a otros dioses: su dinero, sus negocios, a sí mismos. Viven por el placer del momento en orgías y desenfreno. Tal es la vida del pecador inicial o reincidente.

Por otra parte, los que son calientes se consumen por Dios. Él abarca sus corazones y seres. Su gozo y deleite es obedecerle. Ellos también conocen su verdadera condición.

Jesús advirtió a la última iglesia que su condición no era ni fría ni caliente. Ahora observe la declaración que sigue:

¡Ojalá fueses frío o caliente!

—Apocalipsis 3:15

Esta afirmación me molestaba. ¿Por qué Jesús diría a una iglesia: "Ojalá fueses frío o caliente"? ¿Por qué diría: "Ojalá fueses caliente"? Es obvio que su condición presente (algún lugar entre frío y caliente) era más objetable para Dios que ser frío. ¿Cómo podría un pecador completo o reincidente estar en una mejor posición que estos así llamados creyentes de iglesia? Él contesta esto con la siguiente afirmación.

Pero por cuanto eres tibio, y no frío ni caliente, te vomitaré de mi boca.

—Apocalipsis 3:16

¿Qué es tibio? Es demasiado caliente para ser frío y demasiado frío para ser caliente. Tibio es una mezcla. Tiene suficiente calor para colarse inadvertido con lo caliente y suficiente frescura para deslizarse inadvertidamente con lo frío. La gente tibia se convierte en cualquiera a su alrededor. Si están alrededor de aquellos que son obedientes al Señor, pueden mezclarse. Conocen las Escrituras, cantan las canciones y dicen las declaraciones y clichés apropiados.

Cuando están alrededor del mundo, también se mezclan. Puede que no beban ni fumen, pero piensan y conducen sus vidas de manera mundana: de forma egoísta. Obedecen a Dios cuando es agradable o cuando es a favor de sus mejores intereses. Pero en realidad son motivados por sus propios deseos.

Jesús dijo: "Te vomitaré de mi boca". ¿Por qué escogió esta analogía gráfica? Para responder, debemos saber por qué una persona vomita. Vomitamos lo que nuestro cuerpo no puede asimilar. Recientemente, llevé a dos de mis hijos a almorzar. Ambos pidieron hamburguesas. En una hora ambos habían vomitado su almuerzo. Comieron carne en mal estado y sus cuerpos la rechazaron porque no era buena para ellos. Esas hamburguesas malas lucían tal como las buenas que habían comido antes.

Lo que Jesús dice es: "Voy a vomitar fuera de mi cuerpo a aquellos que dicen que me pertenecen pero no me pertenecen en realidad".

El frío no está engañado, el caliente tampoco, pero la gente tibia sí lo está. Piensan que su condición es algo diferente de lo que es. Esa es la razón por la que el juicio de Dios podría ser peor para ellos que para un pecador total. El pecador sabe que no está sirviendo a Dios. La gente tibia piensa que le sirve. Confiesan salvación por gracia pero en realidad carecen de la misma gracia que predican (Hebreos 12:15).

Esto los hace mucho más difícil de alcanzar. Las personas que piensan que son salvos no ven la necesidad de salvación.

Por eso es que Jesús va al detalle acerca de su verdadera condición.

> Porque tú dices: Yo soy rico, y me he enriquecido, y de ninguna cosa tengo necesidad; y no sabes que tú eres un desventurado, miserable, pobre, ciego y desnudo.
>
> —Apocalipsis 3:17

Sin duda alguna, creyeron que eran salvos, que estaban seguros e iban camino al cielo. ¿Por qué deberían arrepentirse? Ellos confesaban una fe de nacidos de nuevo, pero sus vidas confesaban otra cosa. Por lo tanto, Jesús les amó lo suficiente como para señalar su engaño.

NO TODO EL QUE DICE: "SEÑOR, SEÑOR"

No todo el que dice que es salvo por gracia lo es. El verdadero creyente no se conoce por lo que confiesa sino por su fruto de obediencia.

> Así que, por sus frutos los conoceréis. No todo el que me dice: Señor, Señor, entrará en el reino de los cielos, sino el que hace la voluntad de mi Padre que está en los cielos.
>
> —Mateo 7:20-21

Permítame colocar estas palabras en lenguaje cotidiano: "No sabrás quién es o quién no es un creyente por lo que profese sino por su sumisión a la voluntad de mi Padre. No todo el que dice: 'Soy cristiano; Jesús es mi Señor,' tiene entrada segura al cielo sino sólo aquellos que obedecen la voluntad del Padre".

Y otra vez Jesús declara:

> Muchos me dirán en aquel día: Señor, Señor, ¿no pro-
> fetizamos en tu nombre, y en tu nombre echamos fuera
> demonios, y en tu nombre hicimos muchos milagros?
> Y entonces les declararé: Nunca os conocí; apartaos de
> mí, hacedores de maldad.
>
> —Mateo 7:22-23

En nuestro lenguaje moderno sería: "Un gran número de personas me confesará como Señor y pronunciarán la oración del pecador. Muchos de ellos se consideran carismáticos o pentecostales. Sí, hasta aquellos que hicieron milagros y echaron fuera demonios en mi nombre se asombrarán al comprender su verdadera condición en aquel día. Ellos esperan la entrada al reino del cielo sólo para escucharme decir: 'Apártate de mí, tú que viviste una vida de iniquidad (de desobediencia a la voluntad de Dios mi Padre).'"

Este no es un simple relato o mis palabras. No es placentero pensar que habrá muchos a quienes se les negará la entrada al reino de los cielos, aun algunos que echaron fuera demonios e hicieron milagros en Su nombre.

Las personas que hicieron maravillas en el nombre de Jesús tuvieron que ser salvas en una ocasión. Aquellos que nunca han confesado salvación en Su nombre no pueden hacer obras sobrenaturales en Su nombre. Existe un relato de unos que lo intentaron en el Libro de los Hechos. Los siete hijos de Esceva asumieron para sí el clamar el nombre del Señor Jesús para echar fuera un espíritu malo en un hombre, diciendo: "Os conjuro por Jesús, el que predica Pablo". El espíritu malo contestó: "A Jesús conozco, y sé quién es Pablo; pero vosotros, ¿quiénes sois?" Luego el hombre endemoniado saltó sobre los siete hermanos, los dominó, sacándolos de la casa desnudos y heridos (Hechos 19:13-16).

Así que podemos ver que los no creyentes son incapaces de echar fuera demonios en el nombre de Jesús, aunque pueden intentar hacerlo copiando lo que hacen los verdaderos creyentes. Esto refuerza el hecho de que en Mateo 7:22-23 Jesús estaba hablando de personas a quienes se les negó entrada al cielo aunque le hubieran seguido en algún punto de sus vidas.

Recibí una visión que da que pensar a finales de los ochenta que cambió el curso de mi vida y ministerio. Vi una multitud de personas, demasiado grande para contarlas, cuya magnitud nunca antes había visto. Estaban atestados a las puertas del cielo esperando su entrada. Esperaban escuchar al Maestro decir: "Venid, benditos de mi Padre, heredad el reino preparado para vosotros desde la fundación del mundo" (Mateo 25:34). Pero en vez de eso el Maestro dijo: "No os conozco, apartaos de mí". Dios me mostró la agonía y el terror en sus caras. Esto tuvo un efecto martillante en mi alma que se ha vuelto más fuerte con el tiempo.

Las Escrituras hablan de dos grupos de personas que esperan la entrada al reino del cielo pero les será negada:

1. Aquellos que dieron su vida a Jesús por propósitos egoístas. Esos están más interesados en las bendiciones que en Aquel que bendice. Desde el principio son engañados porque los cuidados, las riquezas y los placeres de esta vida obstruyen la Palabra que escuchan y confiesan. (Ver Lucas 8:15.)

2. Aquellos que se convierten por motivos sinceros pero más tarde pierden su salvación. Este grupo (que creo que es más pequeño que el primero) se aleja de la obediencia a Su señorío.

Observaremos el segundo grupo en el próximo capítulo, y nos ocuparemos del primer grupo enseguida.

UNIDO CON JESÚS

Una vez más, los del primer grupo se unen a Jesús únicamente por los beneficios de la salvación. Aunque aceptan Su
salvación, nunca llegan a conocer el corazón de Dios. Sólo
van hasta donde llega Su provisión. Le buscan por su propio
beneficio, su servicio está egoístamente motivado, y no por
el amor.

Jesús dijo: "No os conozco". En esta frase la palabra
conozco es una traducción del griego *ginosko*. En el Nuevo
Testamento, se utiliza para describir el encuentro entre un
hombre y una mujer (Mateo 1:25). Representa la intimidad.
Jesús dirá: "Nunca os conocí íntimamente".

Primera de Corintios 8:3 dice: "Pero si alguno ama a Dios,
es conocido por él". En este caso la palabra *conocido* emplea
el mismo vocablo griego *ginosko*. Dios conoce íntimamente
a aquellos que lo aman. Los que han dado sus vidas por Él
(Juan 15:13). Sólo aquellos que hacen esto pueden guardar
Su palabra. Recuerde: "El que no me ama, no guarda mis
palabras" (Juan 14:24). La verdadera evidencia del amor a
Jesús no es lo que se dice sino lo que se vive. Pese a cuán
apasionada o intensamente se diga lo contrario, aquellos que
no están sometidos a la autoridad de Dios no lo aman. Lo
conocen, pero Dios no les conoce íntimamente a ellos.

Judas se unió con Jesús. Parecía que lo amaba. Dejó todo
para seguirlo. Judas permaneció bajo el calor de la persecución y la amenaza de muerte. No renunció cuando otros discípulos lo hicieron (Juan 6:6). Echó fuera demonios, sanó al
enfermo y predicó el evangelio. Jesús, "habiendo reunido a
sus doce discípulos, les dio poder y autoridad sobre todos los
demonios, y para sanar enfermedades. Y los envió a predicar el reino de Dios, y a sanar a los enfermos" (Lucas 9:1-2).

Sin embargo, el motivo de Judas no era correcto desde
el principio. Nunca se arrepintió de sus maneras egoístas.
Reveló su verdadero carácter cuando fue a los sacerdotes

principales y les dijo: "¿Qué me queréis dar, y yo os lo entregaré?" (Mateo 26:15). Mintió y aduló para ganar ventaja (Mateo 26:25). Durante su tiempo con Jesús tomó dinero del tesoro del ministerio de Jesús para su uso personal (Juan 12:4-6). ¡Nunca conoció a Jesús íntimamente, aunque pasó tres años y medio en Su compañía!

Muchos hoy son como Judas. Han hecho sacrificios por el ministerio, han predicado el evangelio y, posiblemente, hasta operaron en los dones; aunque nunca han conocido íntimamente a Jesús. Toda su labor estaba estimulada por motivos egoístas.

> ¿Por qué me llamáis, Señor, Señor, y no hacéis lo que yo digo?
>
> —Lucas 6:46

VIVA LA VIDA QUE CONFIESA

La referencia al *Señor* en los versículos anteriores se origina del término griego *kurios*. El diccionario Strong de palabras griegas lo define como: "Supremo en autoridad o maestro". Jesús quería decir que habría aquellos que le confesarían como Señor pero no le seguían como su suprema autoridad. Viven de una manera que no apoya lo que confiesan. Obedecen la voluntad de Dios siempre y cuando no entre en conflicto con los deseos de su propio corazón. Si la voluntad de Dios les lleva en una dirección diferente de la que ellos desean, eligen tomar su propia senda aunque todavía llamen a Jesús "Señor".

Con frecuencia el éxito en el ministerio se mide únicamente por números. Esta mentalidad ha hecho que muchos hagan lo que sea necesario para llenar sus altares con "convertidos" y sus iglesias con "miembros". Para lograrlo predican a Jesús como Salvador pero no como Señor. Su mensaje subyacente es: "Ven a Jesús y obtén... salvación, paz, amor, gozo, prosperidad, éxito, salud y así sucesivamente". Sí, Jesús es el cumplimiento de todas esas promesas, pero los beneficios son tan enfatizados que la pureza del evangelio se reduce a una respuesta "inmediata" a los problemas de la vida, seguido de una garantía del cielo de por vida.

Este tipo de predicación simplemente seduce a los pecadores. Escuchan un mensaje suavizado sin oír nada acerca de arrepentimiento. "¡Da una oportunidad a Dios, y él te dará amor, paz, y gozo!" Saltamos el arrepentimiento con el fin de ganar un "convertido". Así que convertidos es lo que tenemos. Pero ¿de qué tipo?

Jesús confrontó a los ministros de Sus días: "Recorren tierra y mar para ganar un solo adepto, y cuando lo han logrado lo hacen dos veces más merecedor del infierno que ustedes" (Mateo 23:15, NVI). Fácilmente se hacen convertidos, pero ¿son verdaderamente hijos obedientes del reino de Dios? Estos convertidos egoístas son engendrados no sólo por el mensaje que hemos predicado sino también por el que vivimos.

Jesús lo aclaró a la multitud: "Y llamando a la gente y a sus discípulos, les dijo: Si alguno quiere venir en pos de mí, niéguese a sí mismo, y tome su cruz, y sígame. Porque todo el que quiera salvar su vida, la perderá; y todo el que pierda su vida por causa de mí y del evangelio, la salvará" (Marcos 8:34-35). Si usted aísla la palabra querer de ese versículo, observará que el deseo de salvar su vida resultará en perderla. Observe también cuando Jesús continuó hablando acerca de perder su vida, Él no dijo: "Cualquiera que desee perder su vida por mi causa". Sólo desear perder su vida no es suficiente, ¡usted debe perderla realmente!

El joven gobernador rico tenía un intenso deseo de ser salvo. Corrió a Jesús y se arrodilló ante Él, pidiendo vida eterna. Sin embargo su intenso deseo no era suficiente, porque Jesús le dijo: "Te falta algo". (Ver Marcos 10:17-22.) Se alejó cuando se dio cuenta del precio de la obediencia. ¡Al menos su honestidad es de respetar!

Existen miles que no van a la iglesia que, con agrado, recibirían los beneficios de la salvación si sólo pudieran mantener el control de sus propias vidas. De alguna manera parecen darse cuenta de lo que muchos en la iglesia se han perdido: hay un precio que pagar para servir a Dios. Ellos son honestos con Dios. No quieren pagarlo. Por otra parte, están aquellos que son engañados. Asisten a la iglesia, llaman a Jesús "Señor", y declaran su sumisión a Su señorío, aunque en realidad no están sometidos a la autoridad de Dios.

Dos mensajes diferentes

Espero que ahora vea la diferencia entre la gracia que Jesús predicó y la que muchos conversos han creído. El mensaje moderno de la gracia con frecuencia ensalza: "Cree en Jesús; haz la oración del pecador; confiésale como tu Salvador; y entrarás en el reino de los cielos". Se menciona poco acerca de la cruz o el arrepentimiento.

Aquellos que se convierten de esta manera tienden a creer que cualquier desobediencia es cubierta por el comodín de la gracia divina. ¿Podría esta condición ser la razón de la falta de verdadera autoridad espiritual y poder en nuestras iglesias?

Espero que escuche este mensaje en el espíritu en que ha sido entregado. Amo al pueblo de Dios y les deseo que prosperen así como prosperan sus almas. Por lo tanto estoy obligado a proclamar Su verdad. La enseñanza y la doctrina dan forma a las creencias y la vida de un individuo. Mi corazón se quebranta por las multitudes en las iglesias que son sosegadas a un estado de tibieza. Pablo instruyó a Timoteo: "Ten cuidado de tu conducta y de tu enseñanza. Persevera en todo ello, porque así te salvarás a ti mismo y a los que te escuchen" (1 Timoteo 4:16, NVI). Debemos tener en cuenta esta advertencia. La verdad pervertida puede sonar bien y hasta puede atraer nuestro sentido de la razón, pero llevará al engaño.

La verdad de la Palabra de Dios le alimentará y le edificará. También le entrenará para discernir entre el pensamiento correcto y el incorrecto. La verdad pervertida puede descalificarle para el reino. Esta es la razón por la que Dios nos amonesta para que le demos atención total a Su Palabra de forma que podamos tratarla correctamente. Este capítulo contiene tanto advertencia como estímulo. La advertencia: No permita que doctrinas incorrectas de la gracia le descalifiquen. El estímulo: Hay fortaleza para vivir una vida obediente a través de la gracia de Dios que nunca falla. Que la gracia de nuestro Señor Jesucristo esté con usted.

9

LA BATALLA
DE LA FE

LA DESOBEDIENCIA
ES CONTAGIOSA

¿Ha visto alguna vez a una persona comenzar su senda ardiendo por Jesús, sólo para terminar en un estado de tibieza después de un proceso de tiempo? Usted se pregunta: *¿Cómo pudo alguien con tanto fervor terminar tan aletargado en su caminar?*

Estas personas son víctimas de una batalla que fracasan en reconocer. Judas escribió una carta dedicada completamente a este conflicto.

> Amados, por la gran solicitud que tenía de escribiros acerca de nuestra común salvación, me ha sido necesario escribiros exhortándoos que contendáis ardientemente por la fe que ha sido una vez dada a los santos.
>
> —Judas 3

¿Siente usted la urgencia del mensaje? Es de gran importancia. La Nueva Versión Internacional lo magnifica más: "Queridos hermanos, he deseado intensamente escribirles acerca de la salvación que tenemos en común, y ahora siento la necesidad de hacerlo para rogarles que sigan luchando vigorosamente por la fe encomendada una vez por todas a los santos".

Contender es batallar o combatir. La palabra *intensamente* indica un intento serio. Debemos hacernos esta pregunta,

¿Con qué o con quién peleamos? He escuchado diferentes respuestas a esta pregunta. Una sugiere que batallamos por la fe hablando de nuestra resistencia a los demonios en lo celestial. Aunque esto es guerra espiritual válida (ver Efesios 6:10-12), no es la pelea de la cual habla Judas. Podemos encontrar la respuesta en la próxima afirmación de esta carta.

> Porque algunos hombres han entrado encubiertamente, los que desde antes habían sido destinados para esta condenación, hombres impíos, que convierten en libertinaje la gracia de nuestro Dios...
>
> —Judas 4

Debemos batallar por la fe porque ciertos individuos se han deslizado en nuestras iglesias representando mal la gracia de Dios como una coartada o hasta una licencia para pecar. La palabra griega para *libertinaje* es *aselgeia*. El diccionario Strong's de palabras del Nuevo Testamento la define como "lujuria o exceso lascivo desenfrenado". Estos individuos pervierten la gracia de Dios viviendo estilos de vida carnales desenfrenados mientras proclaman su salvación por gracia. La *Biblia Dios Habla Hoy* arroja más luz sobre esto. Declara que estas personas "toman la bondad de nuestro Dios como pretexto para una vida desenfrenada" (Judas 4).

Judas dijo que estos hombres también "niegan al único Señor Dios y nuestro Señor Jesucristo" (Judas 4). Algunos de ustedes pueden estar pensando: *Nadie podría entrar en nuestras iglesias hoy y hablar claramente de una negación de Dios y nuestro Señor Jesucristo.* Tiene razón, cualquiera que tratara de hacer eso no podría llegar lejos por más tiempo hoy que en los días de Judas. Pero Judas señaló que esas personas se *deslizan lentamente de forma inadvertida o se han infiltrado.* Nadie que niegue abiertamente a Jesús como el Cristo podría infiltrarse. El siguiente versículo aclara cómo estas personas logran colarse:

Para los puros todo es puro, pero para los corruptos e incrédulos no hay nada puro. Al contrario, tienen corrompidas la mente y la conciencia. Profesan conocer a Dios, pero con sus acciones lo niegan; son abominables, desobedientes e incapaces de hacer nada bueno.

—Tito 1:15-16, NVI

Ellos no niegan al Señor con lo que dicen sino que lo hacen con sus estilos de vida o acciones. ¡Al mismo tiempo creen que conocen al Señor! Pablo los llamó impostores.

Mas los malos hombres y los engañadores irán de mal en peor, engañando y siendo engañados.

—2 Timoteo 3:13

Un impostor es una persona que engaña a otros con un carácter asumido o una falsa pretensión (como el lobo en piel de oveja). Pablo no limitó ese engaño a otros, él dijo que su influencia se extiende a ellos mismos. Realmente creen que sirven al Señor. Confiesan la experiencia del nuevo nacimiento, hablan fluidamente el lenguaje de las Escrituras mientras participan en actividades cristianas. La única forma de discernirlos es por el fruto de sus vidas (Mateo 7:18-20).

Estos "soñadores mancillan la carne, rechazan la autoridad y blasfeman de las potestades superiores" (Judas 8). Son "murmuradores, querellosos, que andan según sus propios deseos, cuya boca habla cosas infladas, adulando a las personas para sacar provecho... Estos son los que causan divisiones; los sensuales, que no tienen al Espíritu" (Judas 16, 19). ¿No es esta una descripción precisa de muchos que crean problemas en hogares, ministerios e iglesias? Muchas personas inocentes e ingenuas han sido influenciadas por su comportamiento.

¡Ay de ellos! porque han seguido el camino de Caín, y se lanzaron por lucro en el error de Balaam, y perecieron en la contradicción de Coré.

—Judas 11

Él compara a estas personas con los tres hombres del Antiguo Testamento: Caín, Balaam y Coré, que en un momento disfrutaron de fraternidad con Dios o que estuvieron a Su servicio.

Caín presentó una ofrenda desobediente, se ofendió, se rebeló contra el consejo de Dios, y cometió un asesinato.

Balaam fue avaro por poder, posición y dinero, y prostituyó la unción de su vida. Por causa de esto, Balaam murió a filo de espada por orden de Dios (Josué 13:22).

Coré fue un sacerdote descendiente de Leví, sin embargo se levantó en oposición a Moisés y Aarón en el desierto, clamando: "¡Basta ya de vosotros! Porque toda la congregación, todos ellos son santos, y en medio de ellos está Jehová; ¿por qué, pues, os levantáis vosotros sobre la congregación de Jehová?" (Números 16:3). Su preocupación no era que Moisés estuviera sobrecargado; quería parte de la autoridad de Moisés. Su plan oculto era promocionarse a sí mismo. Insubordinado al liderazgo señalado por Dios, acusó a Moisés (a quien Dios había exaltado) de exaltarse a sí mismo. Al hacer eso, Coré se colocó contra la autoridad de Dios (Romanos 13:1-2). Su rebelión fue juzgada cuando la tierra se lo tragó vivo (Números 16:31-33).

Caín, Balaam y Coré fueron incapaces de mantener sus relaciones con Dios porque su objetivo era servirse a sí mismos. No era el servicio de Dios o de Su pueblo lo que buscaban. Judas describió a esas personas diciendo:

Estos son manchas en vuestros ágapes, que comiendo impúdicamente con vosotros se apacientan a sí mismos.

—Judas 12

Los festivales de amor eran comidas comunes que celebraban juntos en la iglesia primitiva.* Cualquier clase de reunión cristiana actual podría representar un festival de amor. Los impostores que asistían a esas fiestas eran llamados "manchas" por sus conductas. Jesús va a regresar por una "iglesia gloriosa, que no tuviese mancha ni arruga ni cosa semejante, sino que fuese santa y sin mancha" (Efesios 5:27). Los impostores no se encontrarán en la asamblea de los rectos el día de Señor. Judas continúa:

Nubes sin agua, llevadas de acá para allá por los vientos
—Judas 12

Las nubes sin agua ilustran el vacío de su condición. Aunque llevan apariencia de piedad, están vacíos del carácter de Jesús. Tienen la apariencia de un creyente sin la vida ni la sustancia de uno. Observe con cuidado la siguiente declaración hecha con respecto a estas personas.

Árboles otoñales, sin fruto, dos veces muertos y desarraigados.
—Judas 12

Judas los compara con las últimas hojas del otoño sin fruto. El otoño es tiempo de cosecha cuando el fruto debería estar totalmente maduro y colgando del árbol. Él describió a estos árboles estériles y desarraigados como "dos veces muertos". ¡Qué descripción, dos veces muertos! Para estar dos veces muerto usted tendría que estar muerto una vez, revivir y luego vivir otra vez. Esto describe a la gente que estaba muerta sin Cristo, luego recibieron salvación sólo para morir otra vez porque permanentemente se apartan de Él en sus corazones.

---

* Edward Viening, *Zondervan Topical Bible* (Zondervan), s.v. "Festivales de amor".

UNA VEZ SALVO, ¿SIEMPRE ES SALVO?

Una doctrina muy engañosa se ha propagado en medio de la iglesia. Proclama que una vez que un individuo es salvo no hay manera de que pueda perder su salvación. Este es un asunto controversial, aunque innecesario. La única razón por la cual es controversial es porque algunas enseñanzas han torcido las Escrituras hasta que digan lo que queremos escuchar en oposición a la verdad divina. Si el corazón de una persona está puesto en un asunto, esa persona dirigirá toda la Escritura por donde ella cree en vez de creer en lo que lee.

Le reto a examinar lo que la Biblia tiene que decir al respecto. No filtre las Escrituras a través de las enseñanzas del doctor Fulano, compare versículo con versículo y escuche lo que el Espíritu de Dios le dice. Escuche con su corazón; él no le mentirá. No hay razón para temer la verdad si ama a Dios. Porque si le ama verdaderamente, ¡nunca querrá dejarle!

Primero necesitamos determinar qué versículos se refieren a individuos que han sido salvos. Hay un buen ejemplo en Santiago.

> Hermanos, si alguno de entre vosotros se ha extraviado de la verdad, y alguno le hace volver, sepa que el que haga volver al pecador del error de su camino, salvará de muerte un alma, y cubrirá multitud de pecados.
>
> —Santiago 5:19-20

Observe que Santiago dijo: "Hermanos" y "si alguno de entre vosotros". Él se estaba dirigiendo a aquellos que sólo piensan que son cristianos; estaba describiendo a un creyente que se había desviado del camino de la verdad. Una vez más observe que Santiago llamó pecador a un hermano que se desvió de la verdad. Si ellos no se devuelven por arrepentimiento, su destino es la muerte. Judas los describió como "dos veces muertos". Es obvio a partir de Santiago que una vez estas personas estuvieron vivas en Jesús. El Libro de Proverbios amplía este punto.

> El hombre que se aparta del camino de la sabiduría vendrá a parar en la compañía de los muertos.
> —Proverbios 21:16

Para desviarse de la verdad primero hay que andar en ella. Pero una vez que una persona se desvía de la verdad, si no regresa a la senda de rectitud, su destino final será "la compañía de los muertos," que es el infierno. Pedro escribió:

> Ciertamente, si habiéndose ellos escapado de las contaminaciones del mundo, por el conocimiento del Señor y Salvador Jesucristo.
> —2 Pedro 2:20

Antes de seguir adelante, pregúntese: ¿Sería salva una persona que haya escapado a la contaminación de este mundo por el conocimiento del Señor Jesucristo? Sin duda alguna debe responder que sí. Así que Pedro está hablando acerca de personas que han sido salvas. Ahora continuemos:

> ...enredándose otra vez en ellas son vencidos, su postrer estado viene a ser peor que el primero. Porque mejor les hubiera sido no haber conocido el camino de la justicia, que después de haberlo conocido, volverse atrás del santo mandamiento que les fue dado.
> —2 Pedro 2:20-21

Esas personas regresaron al mundo, fueron superados por su poder, y no buscaron restaurar su relación con el Señor. Los reincidentes pueden regresar al Señor a través de un arrepentimiento genuino (leemos justamente eso en Santiago).

Pero si permanecen enredados es mejor para ellos no haber conocido nunca el camino de la rectitud. En otras palabras, a los ojos de Dios es mejor nunca haber sido salvo que recibir el regalo de la vida eterna y darle la espalda permanentemente.

¿Cómo podría ser mejor no haber conocido nunca el camino de la rectitud? Judas responde esto diciendo que ellos están "dos veces muertos... para las cuales está reservada eternamente la oscuridad de las tinieblas" (Judas 12-13).

Una eternidad en la oscuridad de las tinieblas está reservada para ellos.

Aquellos que recibieron a Jesús, conocieron Su voluntad, y aun se alejaron permanentemente recibirán el más grande castigo de la segunda muerte. (Ver Apocalipsis 2:11; 20:6, 14; 21:8.) Jesús describió su tormento.

> Mas si aquel siervo dijere en su corazón: Mi señor tarda en venir; y comenzare a golpear a los criados y a las criadas, y a comer y beber y embriagarse, vendrá el señor de aquel siervo en día que éste no espera, y a la hora que no sabe, y le castigará duramente, y le pondrá con los infieles. Aquel siervo que conociendo la voluntad de su señor, no se preparó, ni hizo conforme a su voluntad, *recibirá muchos azotes* [el más severo]. Mas el que sin conocerla hizo cosas dignas de azotes, será azotado poco.
>
> —Lucas 12:45-48, énfasis agregado

NUNCA OS CONOCÍ

En el último capítulo vimos el primer grupo de individuos que esperarán escuchar a Jesús decir que entren en el cielo pero en vez de eso le oirán decir: "Nunca os conocí; apartaos de mí, hacedores de maldad" (Mateo 7:23). Esto está compuesto por personas que se unen a Jesús únicamente por los beneficios de la salvación. Personas que siguen a Jesús al principio, pero su falta de compromiso se revela finalmente (como Judas Iscariote).

Ahora conocemos el segundo grupo de personas de Mateo 7:22-23. Son aquellos que pierden su salvación, que una vez le conocieron y hasta hicieron maravillas en Su nombre y, sin embargo, no perseveraron hasta el final. Jesús también regañó a esas personas con: "Nunca os conocí". ¿Cómo es posible?

> Mas si el justo se apartare de su justicia y cometiere maldad, e hiciere conforme a todas las abominaciones que el impío hizo, ¿vivirá él? Ninguna de las justicias que hizo le serán tenidas en cuenta; por su rebelión con que prevaricó, y por el pecado que cometió, por ello morirá.
>
> —Ezequiel 18:24

Dios dijo que no recordará la rectitud de ellos. Sería como si nunca hubiera sucedido. Esto significa que Él olvidará que alguna vez existió. Es como si nunca hubiera conocido a esa persona. Esa es la razón por la que Jesús les dirá a aquellos que no perseveren hasta el final: "Nunca os conocí".

Él olvidará su rectitud, tan cierto como que perdona y olvida los pecados del recto. Él dice: "Este es el pacto que haré con ellos después de aquellos días, dice el Señor: Pondré mis leyes en sus corazones, y en sus mentes las escribiré, añade: Y nunca más me acordaré de sus pecados y transgresiones" (Hebreos 10:16-17). Dios se rehúsa a recordar nuestros pecados. El diablo lo hace y nos acusa. Pero Dios declara: "¡No tengo memoria de los pecados de los que los acusas!" A los ojos de Dios es como si nunca hubiéramos pecado.

El punto principal de Judas

Resumamos lo que quiso decir Judas. Él nos urgía a pelear intensamente por la fe y describía el foco y la naturaleza de nuestra batalla. El foco está en aquellos que dicen que son cristianos pero sólo obedecen a Dios si les es conveniente a su vida autocrática. O nunca fueron creyentes, como en el caso de Judas, o cayeron de la gracia. Cualquiera sea el caso, son impostores tibios, falsos hermanos, lobos en piel de ovejas y manchas en la iglesia.

Casi toda voz en el Nuevo Testamento, Jesús, Pablo, Pedro, Judas y el apóstol Juan advirtieron de aquellos que caerían. De la misma manera, uno mi voz a su advertencia. ¿Por qué? ¡Es la voz del amor hablada a favor de la protección! En esto descubrimos la naturaleza de nuestra batalla: Evitar que nosotros y aquellos bajo nuestros cuidados caigan en el mismo estado de los que están en desobediencia.

Después que Judas advirtió de aquellos que pervertirían la gracia de Dios, nos dio esta fuerte exhortación protectora:

> Pero vosotros, amados, edificándoos sobre vuestra santísima fe, orando en el Espíritu Santo, conservaos en el amor de Dios.
>
> —Judas 20-21

Debemos guardarnos en el amor de Dios. Recuerde, aquellos que aman a Dios son obedientes a Él (Juan 14:15). Judas advierte de los gérmenes de desobediencia que se filtran en su vida. (Ver 1 Corintios 5:6.) La desobediencia es contagiosa. Si está cerca de una persona con una enfermedad contagiosa, su propia resistencia será finalmente derribada, y usted caerá presa de ello. Es lo mismo con la desobediencia, pero las palabras de Dios de advertencia e instrucción son como inyecciones inmunizantes. Ellas aumentan nuestra inmunidad y resistencia al virus de la desobediencia.

Suponga que una enfermedad muy contagiosa se está esparciendo por su comunidad, pero hubiera sólo un antídoto para prevenir el contagio de la enfermedad. ¿Inmunizaría usted a sus niños y les enseñaría los cuidados de salud preventivos? ¡Sí, absolutamente! Les proporcionaríamos la protección del antídoto y les educaríamos para prevenir la propagación de la enfermedad.

Aun así el Señor y aquellos que escribieron Su Palabra han ido lejos para advertirnos de las contagiosas enfermedades de la tibieza y la desobediencia. Escuche la advertencia dada a los ancianos de Asia:

> Por tanto, mirad por vosotros, y por todo el rebaño en que el Espíritu Santo os ha puesto por obispos, para apacentar la iglesia del Señor, la cual él ganó por su propia sangre. Porque yo sé que después de mi partida entrarán en medio de vosotros lobos rapaces, que no perdonarán al rebaño. Y de vosotros mismos se levantarán hombres que hablen cosas perversas para arrastrar tras sí a los discípulos. Por tanto, velad, acordándoos que por tres años, de noche y de día, no he cesado de amonestar con lágrimas a cada uno.
>
> —Hechos 20:28-31

Escuche sus palabras: "mirad". Es una advertencia que repetía noche y día, rogando con lágrimas durante tres años. Él quería guardar a sus hijos espirituales de la enfermedad de la desobediencia. Les dijo que vendrían lobos en medio de ellos. Jesús comparó a los falsos profetas que entran en la iglesia con lobos vestidos en ropas de ovejas (Mateo 7:15). Hablan como cristianos pero pueden ser reconocidos por sus frutos (Mateo 7:16). Los lobos entran fácilmente en un rebaño cuando el pastor no está protegiéndolos.

Con frecuencia queremos escuchar sólo mensajes de ánimo y positivos. Sin embargo, Pablo dejó claro que para predicar totalmente el evangelio debemos *advertir* tanto como *animar*. Al hacer esto presentaremos a todo hombre perfecto en Cristo Jesús (Colosenses 1:28). Entender y obedecer las advertencias de la Biblia de parte de Dios son elementos clave en la terminación de nuestra experiencia en Cristo.

David se dio cuenta del valor de los preceptos de Dios. Así los describió:

> El temor de Jehová es limpio, que permanece para siempre; los juicios de Jehová son verdad, todos justos. Deseables son más que el oro, y más que mucho oro afinado; y dulces más que miel, y que la que destila del panal. Tu siervo es además amonestado con ellos; en guardarlos hay grande galardón
>
> —Salmos 19:9-11

Para el creyente maduro todo el consejo de la Palabra de Dios es dulce, incluyendo Sus advertencias. Existe una gran recompensa para aquellos que las guardan.

Los ministros están llamados no sólo a alimentar las ovejas de Dios sino también a protegerlas. Deben advertir de las trampas del enemigo. Muchos ministros se han apartado de advertirle a su pueblo porque piensan que es un mensaje negativo. No es negativo sino preventivo, ¡salva vidas e iglesias!

Ciertamente Jesús no es negativo, sin embargo dijo: "Mirad que nadie os engañe" (Mateo 24:4). Una vez más les encargó a Sus discípulos: "Mirad, guardaos de la levadura de los fariseos, y de la levadura de Herodes" (Marcos 8:15). El germen contagioso de los fariseos era el legalismo, que lleva a la hipocresía. El de Herodes era la desobediencia, el estilo de vida carnal, que también lleva a la hipocresía. Estas son dos enfermedades contagiosas que pueden atacar a una persona desprevenida y llevarla a un estilo de vida desobediente.

Pedro nos advirtió: "Así que vosotros, oh amados, sabiéndolo de antemano, guardaos, no sea que arrastrados por el error de los inicuos, caigáis de vuestra firmeza" (2 Pedro 3:17). Escuche lo que está diciendo. Cuando una persona no se advierte, fácilmente puede caer de su firme obediencia por el error de aquellos que ya han caído.

CRIADEROS DE TIBIOS

Uno de los lugares más difíciles en los cuales ministrar son las organizaciones cristianas establecidas. Las escuelas cristianas parecen encabezar la lista. Podría escribir capítulos sobre numerosas experiencias que he tenido en ellas. No lo haré porque no es el propósito de esta obra.

Esas instituciones son difíciles de alcanzar porque son criaderos de tibios por causa de la rebelión y la desobediencia. Podría comenzar con un puñado de estudiantes, con frecuencia los más asentados. Esos jóvenes crecidos en la Escuela Dominical y en grupos juveniles que confiesan una experiencia de nuevo nacimiento. Sin embargo son irrespetuosos a la autoridad, atados a la lujuria, y algunos hasta han experimentado con drogas o alcohol a temprana edad. Están obsesionados con figuras del deporte profesional, Hollywood, con las citas y otros pasatiempos mundanos. Con frecuencia son los hijos e hijas de los líderes de la iglesia y, sin embargo, no están entrenados para discernir el compromiso y la hipocresía. Esto los hace a todos más insensibles y peligrosos.

Esos estudiantes endurecidos parecen inconscientes de que sus estilos de vida predican un mensaje a quienes los rodean. (Lo que vivimos habla más fuerte que lo que decimos.) El mensaje: puedes ser salvo y aun así servirte a ti mismo y amar el mundo.

Esto confunde a otros estudiantes y nuevos convertidos. Desconcertados se preguntan: "¿Cómo pueden vivir así los cristianos?" Al principio se sorprenden. Luego aparece el razonamiento y concluyen que a Dios no le importa realmente cómo viven. La rebeldía está bien. La doctrina pervertida de la gracia comienza a colarse en su pensamiento, alentada por el estilo de vida lascivo de sus compañeros estudiantes. Existe más presión para conformarse a la desobediencia que para mantener un estándar de santidad. Pablo explica este dilema:

> ¿No sabéis que un poco de levadura leuda toda la masa?
> —1 Corintios 5:6

Una escuela secundaria cristiana en particular me viene a la mente. Era conocida como una de las mejores escuelas preparatorias en el estado. Se enorgullecían del carácter cristiano individual de los estudiantes. La mayoría de los estudiantes provenían de hogares cristianos y eran muy de la iglesia.

Tenían un servicio una vez a la semana que duraba exactamente cincuenta minutos. Me contaron que el director era conocido por quitarles el micrófono a los ministros que excedían su tiempo permitido. Cuando me dirigí a esa capilla, me encontré con ojos que oscilaban, miradas desafiantes y cuerpos caídos y adormecidos. Sentí una extrema dureza de corazón en los estudiantes. Sus actitudes reservadas y obstinadas me enviaron un claro mensaje: "Hemos escuchado todo eso antes. ¡Apúrate, y termina con esto!" Eso me recordó la palabra de Dios a Ezequiel.

> Pero el pueblo de Israel no va a escucharte porque no quiere obedecerme. Todo el pueblo de Israel es terco y obstinado. No obstante, yo te haré tan terco y obstinado como ellos. ¡Te haré inquebrantable como el diamante, inconmovible como la roca! No les tengas miedo ni te asustes, por más que sean un pueblo rebelde.
> —Ezequiel 3:7-9 NVI

He aprendido que la unción profética de Dios se levantará más fuerte al frente del pueblo endurecido. Mientras más duro el pueblo, más fuerte el mensaje profético. Sin embargo es por causa del amor y la restauración, no por castigo. Con frecuencia hace falta un buen golpe de martillo para quebrar un corazón endurecido. Dios dice: "¿No es mi palabra como fuego, dice Jehová, y como martillo que quebranta la piedra?" (Jeremías 23:29).

Mientras predicaba sentía aumentar la unción profética. Proclamé muchas de las verdades que usted ha leído en los últimos dos capítulos. La postura de los estudiantes comenzó a cambiar. Ahora en vez de apartarse de mí, se me acercaban. Parecían de cierta manera asustados mientras fijaban sus ojos en mí. La luz de la Palabra de Dios perforó sus corazones y expuso su desobediencia. Era como si despertaran de un sueño, sacudidos por la comprensión de la contaminación de sus corazones. A medida que lo veían tal cual era, se convertían en más de lo que podían soportar. La convicción les atrapó mientras mucho se daban cuenta de que a pesar de haber sido criados en hogares cristianos, no eran realmente salvos, o habían reincidido. Para el momento en que terminé de hablar, las lágrimas brotaban de sus ojos y brillaban sobre sus mejillas.

El llamado al altar fue sencillo: "Aquellos que no han dado sus vidas a Jesús como Maestro vengan al frente". De los 230 estudiantes presentes, ¡185 corrieron hacia delante! Las chicas tenían huellas de rimel corriendo por sus uniformes escolares mientras sus lágrimas fluían. La capilla debía concluir a las 9:35 a.m. Hice el llamado al altar a la 9:25, sin embargo los estudiantes permanecieron allí bajo el poder del Espíritu Santo hasta las 11:30 a.m. ¡Su dureza se quebrantó ante un Dios santo! ¡Aleluya!

Dios movió al director, que me rogó: "John, hemos estado orando por esto. Por favor, regrese mañana temprano. Pospondremos todas las clases y arreglaremos un servicio especial para que pueda hablar otra vez".

Estuve de acuerdo.

Cuando relaté todo esto al pastor que había coordinado el servicio, no podía creer lo que escuchaba. Él sabía cuán rígido era el horario de la escuela. Expliqué cómo la Palabra de Dios había derribado esas duras paredes. En el pasado la mayoría de los ministros que habían hablado en la capilla de esa escuela intentaron ganar la aceptación de los estudiantes en vez de proclamar intensamente la verdad.

Al día siguiente el servicio comenzó a las 8:45 a.m. en punto. Le dije al director que trataría de terminar a la 9:35 a.m. Él me animó: "Por favor, haga lo que sea necesario y no se preocupe por el tiempo". Esta vez la asamblea de estudiantes estaba hambrienta y atenta. Algunos lloraron cuando testificaban del impacto que tuvo en sus vidas el servicio anterior. Cuando me levanté a predicar, la unción profética era fuerte. Una vez más advertí sobre la contaminación de la desobediencia, recordándoles que la roca no se hace polvo con un simple soplo.

Ese día la mayoría de los estudiantes que no habían respondido el primer día pasaron al frente al cierre del servicio. Los estudiantes que se arrepintieron apenas el día anterior vinieron con ellos, esta vez con respecto a otras áreas de sus vidas. Una vez más el Espíritu de Dios cayó mientras los estudiantes lloraban en arrepentimiento. ¡El servicio no concluyó hasta las 11:30 a.m.!

Nuestra familia estaba en el aeropuerto de San Diego un año más tarde, a casi dos mil trescientos kilómetros de donde ocurrieron esos servicios. Mientras mirábamos el carrusel esperando nuestro equipaje un joven se me acercó. Con el mayor respeto, se presentó y dijo que él había estado en esos dos servicios el año anterior. Me informó que su vida había cambiado profundamente por un encuentro con el Dios Santo. Sentí su respeto por la palabra íntegra que Dios le había revelado en aquellos servicios. ¡A Dios sea la gloria!

Podría contar muchas historias como esa. No se limitan a escuelas cristianas sino que se extienden a numerosas iglesias y colegios bíblicos. He predicado en servicios donde cientos de personas comienzan a llorar ante un Dios Santo. Sus lágrimas produjeron una limpieza no experimentada antes. Se iban del servicio no bajo la ley o la condenación sino con una asombrosa conciencia del amor, la misericordia y la gracia de Dios.

He tenido hombres de negocios que vienen a mí con lágrimas en sus ojos, agradeciéndome por obedecer a Dios. Lo he escuchado una y otra vez: "John, yo estaba en estado de tibieza y habría sido vomitado de la boca de Jesús si no hubieses traído Su palabra a mí hoy". He escuchado este mismo testimonio de gente de todos los caminos de la vida. ¡La parte más maravillosa es que esos testimonios perseveran! Años más tarde escucho sobre individuos o acerca de sus pastores que me dicen que todavía arden en su obediencia al Señor.

Jesús no va a regresar por una novia tibia que fornica con el mundo. Él viene por una novia consagrada, no manchada por el mundo. ¿Se casaría usted con alguien que le dijera: "Te seré fiel 364 días al año, pero dame uno solo para saltar a la cama con mis antiguos amantes"? ¡Por supuesto que no! Jesús tampoco. ¡Él no viene por una iglesia que ha reservado una porción de su corazón para el mundo! No se engañe. No se contamine. No se infecte con la sutileza de la desobediencia. ¡No se aparte de su postura firme para ser llevado lejos al pozo!

Al cierre de este capítulo le reto a leer la Biblia a la luz de lo que el Espíritu de Dios le ha revelado por medio de estos dos últimos capítulos. Me doy cuenta de que este mensaje puede no haberle elevado a una nueva dimensión de felicidad, pero encierra una riqueza de sabiduría que guardará su gozo eterno posiblemente a expensas de su felicidad temporal. Que la gracia de nuestro Señor esté con usted.

10

HUMILDAD, EL CAMINO AL ÉXITO

El orgulloso culpa a todos mientras se excusa a sí mismo

Una persona es más susceptible de caer cuando está haciendo algo bien. Cuando alcanza un nivel de éxito, es fácil olvidar la gracia que le llevó allí. Puesto que esto es cierto, debemos ser revestidos "de humildad; porque: Dios resiste a los soberbios, y da gracia a los humildes" (1 Pedro 5:5).

Permanezca humilde o sea humillado

Uzías, un descendiente del rey David, fue coronado rey a la edad de dieciséis años. Al principio busco a Dios diligentemente. Usted también lo haría si le hicieran rey de una nación a la edad de dieciséis años. Lo más probable es que él estuviera abrumado y humillado por la magnitud de la responsabilidad. Sin embargo "en estos días que buscó a Jehová, él le prosperó" (2 Crónicas 26:5).

Dado que descansaba en Dios absolutamente, fue muy bendecido. Hizo guerra contra los filisteos, derrotándolos en numerosas ciudades, así como a los árabes, meunitas y amonitas. Bajo su mando la nación se fortaleció tanto económica como militarmente. Había abundancia de prosperidad bajo su liderazgo. Todo ese éxito era resultado de la gracia de Dios sobre su vida. Pero con el tiempo algo cambió: su humildad fue remplazada por la confianza en sí mismo.

Mas cuando ya era fuerte, su corazón se enalteció para su ruina; porque se rebeló contra Jehová su Dios, entrando en el templo de Jehová para quemar incienso en el altar del incienso.

—2 Crónicas 26:16

No fue en un momento de debilidad, sino cuando Uzías era fuerte, que su corazón se alzó orgulloso. A medida que inspeccionaba la prosperidad y el éxito que rodeaba todo su dominio, su corazón dejó de buscar al Señor. Ahora podía hacerlo por su cuenta; él sabía cómo. Mientras sus logros aumentaban, asumió que Dios continuaría bendiciendo todo lo emprendido tal como Dios lo hacía cuando él humildemente le buscaba.

Su alzamiento y orgullo no sucedió de la noche a la mañana. Pero puede sucederle fácilmente a cualquiera. Dios me lo advirtió: "John, la mayoría de la gente en el reino que ha caído, no lo ha hecho en tiempo de sequía, sino de abundancia".

Ese es un patrón en el que caen muchos cristianos. Cuando son salvos, tienen hambre por conocer al Señor en todos Sus caminos. Su humildad es evidente porque le buscan y confían en Él para todo. Llegan a la iglesia con hambre en sus corazones: "¡Señor, quiero conocerte!" Se someten a la autoridad directa y delegada de Dios. Pero después que han acumulado conocimiento y se han pulido a través de la experiencia, sus actitudes cambian.

Ahora, en vez de leer la Biblia con la intención de: "Señor, revélate y revélame tus caminos," lo utilizan para apoyar su doctrina establecida, leyendo lo que creen en vez de creer lo que leen. Ya no escuchan la voz celestial de Dios en la voz de su pastor. En vez de eso cruzan sus brazos y se recuestan en actitud de: "Vamos a ver qué sabe". Son expertos en las Escrituras, pero han perdido su ternura y humildad de corazón. La gracia para servir a Dios ahora disminuye.

Primera de Corintios 8:1 dice: "Sabemos que todos tenemos conocimiento. El conocimiento envanece, pero el amor edifica". El amor no busca lo suyo sino que pone su vida por el Maestro y por aquellos que es llamado a servir. El orgullo busca lo suyo detrás de una máscara de religión. Dios explicó que el conocimiento ganado sin amor resulta en orgullo.

DOS FUERZAS QUE SE FORTALECEN MUTUAMENTE

Cuando el orgullo entró en el corazón del rey Uzías, ¿se hizo más o menos religioso? La respuesta asombra: ¡Se hizo más religioso! Su corazón fue levantado y él entró al templo para ejecutar su así llamada adoración. El orgullo y el espíritu religioso van de la mano. El espíritu religioso hace que una persona piense que es humilde debido a su apariencia de espiritualidad. La verdad es que es orgullosa. ¡El orgulloso permanece atado al espíritu religioso porque es demasiado prepotente para admitir que tiene tal espíritu! Esta es una razón por la que el orgullo está tan bien camuflado en la iglesia. Se esconde detrás de una máscara religiosa, carismática, pentecostal o evangélica.

Azarías y los otros ochenta sacerdotes del templo entraron al santuario donde Uzías estaba quemando incienso y lo confrontaron, diciendo: "No te corresponde a ti, oh Uzías, el quemar incienso a Jehová... Sal del santuario, porque has prevaricado, y no te será para gloria delante de Jehová Dios" (2 Crónicas 26:18). Observe la respuesta de Uzías cuando los sacerdotes le confrontaron.

Entonces Uzías, teniendo en la mano un incensario para ofrecer incienso, se llenó de ira; y en su ira contra los sacerdotes, la lepra le brotó en la frente delante de los sacerdotes en la casa de Jehová, junto al altar del incienso.

—2 Crónicas 26:19

Uzías se enojó. El orgullo siempre se justifica a sí mismo. Esa autodefensa esta emparejada con rabia. La persona orgullosa culpa a todos los demás mientras se excusa a sí misma. Uzías dirigió su ira a los sacerdotes, pero el problema descansaba en lo profundo, dentro de su propio pecho. ¡El orgullo cegó sus ojos! En vez de humillarse, permitió que la ira encendiera su orgullo. La lepra brotó sobre su frente, donde todos pudieran verla. En este caso, la lepra era una manifestación externa de una condición interna.

La lepra en el Antiguo Testamento es una tipología del pecado en el Nuevo. Es un comentario triste pero verdadero que mucha gente poderosa ha caído en pecado en la iglesia. Un ejemplo es el pecado sexual. Dios me habló: "John, con muchos de estos que caen en pecado, la raíz no es el pecado mismo, sino el orgullo".

Nuestro enemigo mortal

El orgullo es un enemigo mortal y sutil y, sin embargo, se camufla fácilmente. Los orgullosos ignoran su verdadera condición. Sólo la humildad puede exponerla. El orgullo es la raíz misma de la rebelión, y vemos su influencia desde el principio, cuando Lucifer se rebeló contra Dios. Dios describió la condición del corazón de Lucifer.

Tú, querubín grande, protector, yo te puse en el santo monte de Dios, allí estuviste; en medio de las piedras de fuego te paseabas. Perfecto eras en todos tus caminos desde el día que fuiste creado, hasta que se halló en ti maldad. A causa de la multitud de tus contrataciones fuiste lleno de iniquidad, y pecaste; por lo que yo te eché del monte de Dios, y te arrojé de entre las piedras del fuego, oh querubín protector. Se enalteció tu corazón a causa de tu hermosura, corrompiste tu sabiduría a causa de tu esplendor.

—Ezequiel 28:14-17

Todo lo que era y lo que poseía era un regalo de Dios. Sin embargo en algún punto se olvidó de eso y anheló más. Su corazón se enalteció y quiso imponer su voluntad. Como resultado del orgullo en su corazón hizo varias afirmaciones, las cuales comenzaban todas con "haré" (Isaías 14:12-15). No había humildad dentro de él. Fue echado de la presencia de Dios.

Escuche esto, siervo del Señor. Dios da gracia al humilde mientras resiste al orgulloso. Usted nunca encontrará la gracia de Dios en un individuo que olvida de dónde viene y a Aquel que lo sacó de allí. Santiago dice:

Pero él da mayor gracia. Por esto dice: Dios resiste a los soberbios, y da gracia a los humildes. Someteos, pues, a Dios; resistid al diablo, y huirá de vosotros.

—Santiago 4:6-7

Resistimos al diablo con nuestra sumisión a Dios. Nuestra humildad y obediencia anuncian la gracia de Dios, que es un arma poderosa contra el malo.

GRACIA QUE REDIME

Aunque discutimos ampliamente la gracia en el capítulo ocho, quiero recordarle otra vez la función de la gracia en la vida del creyente.

Se nos dice de Jesús:

Porque no tenemos un sumo sacerdote que no pueda compadecerse de nuestras debilidades, sino uno que fue tentado en todo según nuestra semejanza, pero sin pecado. Acerquémonos, pues, confiadamente al trono de la gracia, para alcanzar misericordia y hallar gracia para el oportuno socorro.

—Hebreos 4:15-16

Él nos da misericordia y gracia con el fin de ayudarnos. Él es misericordioso con nuestra ignorancia y debilidad (1 Timoteo 1:13; Hebreos 5:2) pero no con la desobediencia voluntaria (Hebreos 10:26-31). Él suple la gracia necesaria para superar nuestra debilidad.

Bajo esta luz tenemos una nueva comprensión de la verdad: "Bástate mi gracia; porque mi poder se perfecciona en la debilidad" (2 Corintios 12:9). Nuestra debilidad es nuestra incapacidad para obedecer a Dios con nuestras propias fuerzas. No es posible vivir la vida que Dios espera de nosotros por nuestra cuenta. Pero Él añade Su fortaleza a nuestra debilidad. Esta ayuda se llama gracia. Así que podemos decir que la gracia nos da la habilidad para cumplir lo que la verdad exige. Esto lo confirma Hebreos 12:28: "Así que, recibiendo nosotros un reino inconmovible, tengamos gratitud, y mediante ella sirvamos a Dios agradándole con temor y reverencia".

Recibir la gracia de Dios no es una experiencia de una sola vez. Santiago dijo a los creyentes: "Pero él da mayor gracia" (Santiago 4:6). La necesitamos a cada momento de cada día. En cada epístola Pablo comienza con saludos de: "Gracia a ustedes de Dios nuestro Padre y del Señor Jesucristo". Esas cartas eran para creyentes, ilustrando nuestra continua necesidad de la gracia divina.

También se nos alienta a crecer en la gracia de Dios (2 Pedro 3:17-18). A medida que lo hacemos nuestros corazones se fortalecen para cumplir la voluntad de Dios y evitar la del hombre. Vemos esto ejemplificado en la vida de Jesús: "Y el niño crecía y se fortalecía, y se llenaba de sabiduría; y la gracia de Dios era sobre él" (Lucas 2:40). La gracia de Dios sobre Su vida le daba poder para desarrollar un espíritu fuerte y cumplir la voluntad de Su Padre.

Existen varios grados de gracia. Esto se revela en Hechos 4:33: "Y con gran poder los apóstoles daban testimonio de la resurrección del Señor Jesús, y abundante gracia era sobre todos ellos". Deberíamos anhelar mayores grados de la gracia divina. Mientras más grande es la gracia, mayor la capacidad de servir y glorificar al Señor. Y recuerde, la Palabra de Dios dice que el camino a la gracia es la humildad.

UNA VIDA QUE EJEMPLIFICA LA HUMILDAD

Debemos caminar continuamente en humildad, porque Dios da Su gracia sólo a aquellos que son de espíritu contrito (Santiago 4:6-7), que dependen totalmente de Él. Vemos esta humildad o completa dependencia de la gracia de Dios en Pablo.

> Por tanto, de buena gana me gloriaré más bien en mis debilidades, para que repose sobre mí el poder de Cristo. Por lo cual, por amor a Cristo me gozo en las debilidades, en afrentas, en necesidades, en persecuciones, en angustias; porque cuando soy débil, entonces soy fuerte.
>
> —2 Corintios 12:9-10

Escuche sus palabras: "Mientras menos tengo, más dependo de Él". Esta fue la progresión de la vida de Pablo. A medida que usted la estudia, hallará que mientras más vivimos, más dependientes nos volvemos de la gracia de Dios y menos dependemos de nuestras propias fuerzas. Esta actitud genera humildad. Mientras más vivió Pablo, más se vació de sí mismo por causa de Cristo.

Cuando fue salvo, Pablo se humilló abandonando todo lo que había logrado en la carne, poniendo de lado todos sus logros como nada más que vanidad.

> Pero cuantas cosas eran para mí ganancia, las he estimado como pérdida por amor de Cristo.
>
> —Filipenses 3:7

Todo el que viene a Jesús, y genuinamente nace de nuevo, alcanza ese lugar. Sin embargo, la humildad no se detiene allí; es progresiva.

Siguiendo con Pablo como ejemplo, él era un líder con abundante revelación y sabiduría espiritual. Eso le brindó la oportunidad de lograr mucho en su servicio al Señor. Pero su conocimiento fácilmente pudo convertirse en un bloque tambaleante. Así que voluntariamente liberó todo lo que había logrado antes de su conversión, pero ¿y después de convertirse en un líder cristiano? ¿Permitiría que la sabiduría y el logro enaltecieran su corazón, o continuaría dependiendo de la gracia de Dios? Encontramos la respuesta en las propias palabras del apóstol, escritas después de años de ministerio exitoso.

> Porque yo soy el más pequeño de los apóstoles, que no soy digno de ser llamado apóstol, porque perseguí a la iglesia de Dios.
>
> —1 Corintios 15:9

¿Observa la humildad en esas palabras? Ni siquiera se consideraba digno de ser llamado apóstol debido a las terribles cosas que hizo antes de su conversión. Sin embargo, ese hombre recibió posiblemente la más grande revelación de la verdad del perdón de Dios: que el hombre en Cristo Jesús es una nueva criatura. Las condiciones morales y espirituales previas pasaron y todas las cosas se han hecho nuevas (2 Corintios 5:17). Incluso con esta revelación y las consecuentes proezas ministeriales, todavía recordaba la magnitud y grandeza de la misericordia de Dios hacia él.

> Pero por la gracia de Dios soy lo que soy; y su gracia no ha sido en vano para conmigo, antes he trabajado más que todos ellos; pero no yo, sino la gracia de Dios conmigo.
>
> —1 Corintios 15:10

"¡He trabajado más que todos los otros apóstoles!" ¿Tiene Pablo un doble discurso? Este comentario suena arrogante. Sin embargo no lo es. Precede otra declaración de la dependencia de Dios de Pablo. Él siguió su evaluación de sí mismo como el menor de los apóstoles con un reconocimiento de que todo lo que había hecho había sido sólo por la habilidad de Dios. Él estaba totalmente consciente de que todo lo que había logrado espiritualmente fluía del inmerecido favor y de la gracia de Dios.

Pablo escribió esta carta a los corintios en el año 55 después de Cristo.* Su autodescripción como "el menor de los apóstoles" es difícil de creer. Tanto en sus días como a lo largo de la historia de la iglesia, Pablo fue considerado como de los más grandes apóstoles. Ahora considere lo que les dijo a los efesios siete años después, en el 62 después de Cristo, tras muchos logros en el ministerio.**

---

* *Full Life Study Bible* [Biblia de Estudio Vida Plena], "Introducción a 1 Corintios" (Life Publishers, Casa Creacion).
** *Ibid.*, "Introducción a Efesios".

Yo fui hecho ministro por el don de la gracia de Dios que me ha sido dado según la operación de su poder. A mí, que soy menos que el más pequeño de todos los santos, me fue dada esta gracia de anunciar entre los gentiles el evangelio de las inescrutables riquezas de Cristo.

—Efesios 3:7-8

Siete años antes se llamó a sí mismo el menor de los apóstoles, y ¡ahora se describe como más bajo que el menor de todos los santos! ¿Qué? Si alguien pudiera alardear de su cristiandad, seguramente era Pablo. Sin embargo, mientras más servía al Señor, más pequeño se veía. Su humildad era progresiva. ¿Podría ser esta la razón por la que la gracia de Dios sobre su vida aumentaba proporcionalmente mientras más envejecía?

Al cierre de su vida Pablo envió dos cartas a Timoteo.* Observe otra vez cómo Pablo se describía a sí mismo:

Palabra fiel y digna de ser recibida por todos: que Cristo Jesús vino al mundo para salvar a los pecadores, de los cuales yo soy el primero.

—1 Timoteo 1:15

¡Ahora él es el "primero de los pecadores"! No dijo: "Yo era el primero". Afirmó: "Yo soy el primero". Tras años de grandes logros, su confesión no fue: "He hecho todo esto; mi gran ministerio debería ser estimado". Ni dijo: "He hecho un gran trabajo y merezco el respeto de un verdadero apóstol". No era: "Soy el menor de los apóstoles," como escribió unos años antes, ni: "Soy el menor de los santos". Fue: "De todos los pecadores, yo soy el primero". Aunque sabía que en Cristo él era la justicia de Dios (2 Corintios 5:21), nunca

---

* *Ibid.*, "Introducción a 1 Timoteo".

perdió de vista la gracia y la misericordia de Dios. En efecto, mientras más vivió, más dependiente se hizo de Su gracia.

Esto explica otra declaración que Pablo afirmara hacia el final de su vida.*

Hermanos, yo mismo no pretendo haberlo ya alcanzado; pero una cosa hago: olvidando ciertamente lo que queda atrás, y extendiéndome a lo que está delante, prosigo a la meta, al premio del supremo llamamiento de Dios en Cristo Jesús.

—Filipenses 3:13-14

¿Puede observar la humildad en sus palabras: "No he llegado, y lo que he logrado, lo dejo atrás pensando que es nada comparado a la búsqueda de conocer totalmente a Cristo Jesús mi Señor"?

Fíjese que dijo: "Prosigo a la meta". Proseguir significa que hay resistencia y oposición. Uno de los más grandes oponentes del llamado supremo es el orgullo. Esa es la razón por la que el llamado supremo es tan fácil de perder.

HUMILLARNOS Y NO DEFENDERNOS

Los creyentes necesitamos batallar contra el enemigo del orgullo en vez de pelear por nuestros derechos o privilegios. Desperdiciamos demasiado tiempo defendiéndonos. Esto lleva a facciones y contención. Una vez mi esposa y yo estábamos confraternizando intensamente (peleando). Al calor de la discusión, el Señor me habló esto: "Tu orgullo está exponiéndose". Inmediatamente fui declarado culpable cuando la siguiente Escritura surgió en mi espíritu:

---

* *Ibid.*, "Introducción a Filipenses".

Ciertamente la soberbia concebirá contienda; mas con los avisados está la sabiduría.

—Proverbios 13:10

Dios continuó: "John cada vez que Lisa y tú pelean, encontrarás el orgullo oculto en algún lugar, y tienes que encargarte de eso". Pero alguien podría argumentar: "¿Qué pasa si sé que tengo razón?" Permita que Jesús responda esta pregunta: "Ponte de acuerdo con tu adversario pronto" (Mateo 5:25). Al rehusarse a defenderse una, si no ambas de las siguientes cosas, sucederá. Primero, usted depone su orgullo, lo cual abrirá sus ojos a reconocer defectos en su propio carácter que antes permanecían sin detectar. Segundo, si tiene razón, aún está siguiendo el ejemplo de Cristo al permitirle Su legítimo lugar como juez de la situación.

Porque esto merece aprobación, si alguno a causa de la conciencia delante de Dios, sufre molestias padeciendo injustamente. Pues para esto fuisteis llamados; porque también Cristo padeció por nosotros, dejándonos ejemplo, para que sigáis sus pisadas; el cual no hizo pecado, ni se halló engaño en su boca; quien cuando le maldecían, no respondía con maldición; cuando padecía, no amenazaba, sino encomendaba la causa al que juzga justamente.

—1 Pedro 2:19, 21-23

Este es nuestro llamado: seguir el ejemplo de Cristo, que sufrió aunque no pecó. Este precepto batalla contra la mente natural dado que su lógica parece absurda. Sin embargo, la sabiduría de Dios prueba que la humildad y la obediencia dan lugar al juicio recto de Dios.

La defensa, corrección, vindicación o cualquier otra respuesta que sea apropiada debería proceder de la mano de Dios, no del hombre. El individuo que se defiende a sí mismo no camina en la humildad de Cristo. Nadie sobre la tierra posee más autoridad que Jesús, sin embargo, Él nunca se defendió.

> Y siendo acusado por los principales sacerdotes y por los ancianos, nada respondió. Pilato entonces le dijo: ¿No oyes cuántas cosas testifican contra ti? Pero Jesús no le respondió ni una palabra; de tal manera que el gobernador se maravillaba mucho.
>
> —Mateo 27:12-14

¡Jesús fue acusado de una total mentira! No había ni un ápice de verdad en la acusación. Sin embargo no corrigió a sus acusadores ni se defendió. Su comportamiento hizo que el gobernador se maravillara de su serenidad. Nunca había visto una conducta tal en un hombre. ¿Por qué Jesús no se defendió? Fue para que pudiera permanecer bajo el juicio y la protección de Su Padre. Recuerde que Pedro dijo: "Quien cuando le maldecían, no respondía con maldición; cuando padecía, no amenazaba, sino encomendaba la causa al que juzga justamente" (1 Pedro 2:23). Cuando rehusamos defendernos, estamos escondidos bajo la mano de la gracia y el juicio de Dios. No hay lugar más seguro.

> ¿Quién acusará a los escogidos de Dios? Dios es el que justifica.
>
> —Romanos 8:33

En contraste, aquellos que se defienden entran en el juicio de sus acusadores. En el momento en que usted se justifica o defiende ante otro, le permite constituirse en su juez. Pierde su autoridad o posición en Cristo, porque su acusador se levanta sobre usted cuando le responde a su crítica. Sí, su autoridad se eleva sobre usted a causa de su autodefensa. Al intentar probar su inocencia, usted sucumbe a la merced de su acusador.

Ponte de acuerdo con tu adversario pronto, entre tanto que estás con él en el camino, no sea que el adversario te entregue al juez, y el juez al alguacil, y seas echado en la cárcel. De cierto te digo que no saldrás de allí, hasta que pagues el último cuadrante.

—Mateo 5:25-26

De acuerdo a esta parábola se le obligará a pagar cualquier cosa que su acusador demande como restitución. Usted queda indefenso y a su merced. Mientras más grande sea la ofensa que le impone, menos misericordia le extenderá. Él obtendrá hasta el último centavo de su deuda. El orgullo diría: "Defiéndete". Jesús decía: "Ponte de acuerdo con tu adversario". Al hacerlo, usted depone el orgullo y hace a Dios el juez de la situación.

El ejemplo de la humildad de un niño

Durante el año escolar Addison, mi hijo de nueve años, nos contó acerca de un problema que enfrentaba en la escuela. Pensaba que uno de sus instructores no gustaba de él y le culpaba cada vez que hablaban o había desorden en la clase. Eso sucedió durante un tiempo, al punto que el maestro envió una nota a casa que se registraría en su récord contra él. Addison es extremadamente concienzudo, y eso era demasiado para él. Mientras expresaba su temor y frustración, rompió a llorar en nuestra mesa de comedor.

Le aseguramos que creeríamos lo mejor de él y le pedimos que recontara todos los detalles lo mejor que pudiera. Nos dijo: "Me culpan por todo lo que sale mal. Si hay más de una persona a quien culpar, de todas maneras yo recibo toda la culpa. No sólo eso, me culpan por cosas que no he hecho. Hoy, los dos niños a mi lado estaban riéndose tontamente, y el maestro se volteó y me gritó". Su labio comenzó a temblar, y las lágrimas comenzaron a brotar. Para un niño de nueve años, eso era una crisis sin esperanza.

Todos los demás maestros de Addison reportaban que su conducta era excelente, así que yo sabía que esta era una situación aislada. Le pregunté:

—¿Qué dijiste cuando el maestro te culpó?

Addison respondió rápidamente:

—Le dije: "Yo no estaba hablando. ¡Fueron esos dos niños!"

Le pregunté:

—¿Esa es la manera en que le respondes usualmente cuando te corrige?

Addison respondió:

—Sí, si sé que no estaba haciendo nada.

Lo miré y le dije:

—Bueno, hijo, he ahí el problema. Te estás defendiendo. Cuando te defiendes, Dios no actúa.

Compartí algunas Escrituras con él. Luego le conté un duro ejemplo personal que pudiera relacionar. Yo había trabajado en el personal de una iglesia grande. Y no le agradaba a mi superior inmediato. De hecho, estaba determinado a despedirme. Constantemente traía acusaciones falsas contra mí al pastor principal, luego se volteaba y me decía que el pastor estaba contra mí pero que él me estaba respaldando. Eso causaba tensiones constantes entre el pastor y yo. Mi supervisor envió varios memos de reprimenda al personal, en ninguno se mencionaba mi nombre pero todo se parecía tanto a mí que los que los leían reconocían que el papel siempre me señalaba.

Pasaron los meses y parecía no haber manera de aliviar mi dilema. Eso aumentó al punto en que perdí contacto con el pastor. Ese supervisor estaba atacando a otros empleados de la misma manera, así que por lo menos tenía compañía. Sin embargo, mi familia vivía bajo constante presión, sin estar seguros de si nos quedábamos o nos forzaban a salir.

Fue en ese punto que recibí evidencia escrita de una decisión que ese hombre había tomado. Tenía que ver conmigo y exponía sus verdaderos motivos. Recogí mi evidencia y me preparé para llevarla al pastor. Pero temprano, la mañana siguiente, me encontré luchando en oración. Durante cuarenta y cinco minutos traté de sacudirme el incómodo sentimiento que tenía en mi espíritu. Razoné: *Dios, este hombre ha sido deshonesto y malvado. Necesita ser descubierto. Es una fuerza destructiva en este ministerio. ¡El pastor debería saber como es él en realidad!* Continué justificando mis intenciones: *Todo lo que estoy reportando es un hecho y está documentado, no es emocional.*

Finalmente, frustrado dejé escapar: "Dios, no quieres que yo lo descubra, ¿verdad?" En respuesta, la paz de Dios inundó mi corazón. Sabía que Él no quería que hiciera nada. Sacudí mi cabeza incrédulo mientras arrojaba mi evidencia. Más tarde me di cuenta de que quería defenderme y vengarme más que proteger cualquier ministerio. Había razonado hasta creer que mis motivos no eran egoístas. Mi información estaba en la pista, pero mis motivos no. El tiempo pasó, y un día mientras estaba orando fuera de la iglesia antes del horario de oficina vi a ese hombre entrar en su carro. Dios me dijo que fuera hasta él y me humillara. Inmediatamente me puse a la defensiva: "No Señor, él necesita venir hasta mí. Él es el que ocasiona todos los problemas".

Continué orando, pero de nuevo sentí la insistencia del Señor. No tenía deseos de hacerlo, así que sabía que era Dios. Lo llamé y fui a su oficina. Dado que Dios había tratado conmigo fui capaz de, con toda sinceridad, pedirle perdón. Confesé que le había criticado y juzgado. Inmediatamente se ablandó y hablamos durante una hora. Desde ese día sus ataques hacia mí se detuvieron.

Seis meses después, mientras yo estaba ministrando fuera del país, todo lo malo que este hombre hizo se descubrió.

No tenía nada que ver conmigo sino con otras áreas e individuos. Lo que había hecho era mucho peor de lo que yo sabía. Fue despedido de inmediato. El juicio llegó, pero no por mi mano. Las mismas cosas que trataba de hacerles a otros, le sucedieron a él. Sin embargo, cuando eso sucedió yo no me sentí feliz; sentía pena por él y su familia. Entendía su pena porque pasé por lo mismo en sus manos.

Después de contarle este incidente a Addison, le dije:

—Hijo, tienes una opción. Puedes continuar defendiéndote y permanecer bajo el juicio de tu maestro, o puedes darte cuenta de que no has respondido a sus acusaciones de manera santa. Luego puedes ir a tu maestro y disculparte por ser irrespetuoso y por resistir su autoridad.

Addison preguntó:

—Entonces, ¿qué hago cuando me culpen por algo que yo no hice?

—Deja que Dios te defienda —respondí—. ¿Defenderte te ha dado resultados?

—No —respondió—, quiero que Dios me defienda.

Al día siguiente fue a su maestro y se humilló. Le pidió que le perdonara por retarlo cuando lo corregía.

El maestro lo perdonó, y la semana siguiente Addison fue honrado como el estudiante de la semana en esa clase. Nunca tuvo otro problema. Terminó el año con el favor del instructor.

Si un niño de nueve años puede humillarse y obedecer la Palabra de Dios en una crisis, ¿Cuánto más deberíamos nosotros? Pienso que esto ilustra por qué Jesús dijo:

> Así que, cualquiera que se humille como este niño, ése
> es el mayor en el reino de los cielos.
>
> —Mateo 18:4

Cuando nos humillamos en obediencia a la Palabra de Dios, entonces Su favor, gracia y juicio recto descansa sobre nosotros. Esta actitud es difícil de desarrollar en nuestra sociedad rápida, conveniente y fácil. Somos entrenados para carecer de la estamina requerida para perseverar con paciencia. La liberación de Dios siempre llega, pero con frecuencia de manera diferente a cómo o cuando nosotros esperamos. Sin embargo, con Su liberación ¡viene gran gloria! La humildad es el camino al éxito verdadero y duradero.

11

ÁRMESE

El cristiano que no está preparado para sufrir es comparable a un soldado que va a la guerra sin armas

Si vamos a servir al Maestro, debemos aclarar un asunto importante: Aquellos que obedecen a Dios sufrirán en esta vida.

> Puesto que Cristo ha padecido por nosotros en la carne, vosotros también armaos del mismo pensamiento; pues quien ha padecido en la carne, terminó con el pecado.
>
> —1 Pedro 4:1

Sé que esta Escritura no es una de las que usted sacaría de su caja de promesas y citaría a diario. No puedo imaginarme que la hallaría sobre muchos refrigeradores, espejos o placas con el fin de proclamar su beneficio cada vez que la ve. Sin embargo, encierra una de las grandes promesas del Nuevo Testamento. Nos asegura que aquellos que sufren como Cristo terminarán con el pecado. Ellos vendrán a completar la madurez espiritual.

Cómo crecemos espiritualmente

Tal como el ser humano madura física y mentalmente, el creyente también madura espiritualmente. Comenzamos nuestro camino espiritual con Cristo como bebés (1 Pedro 2:2) e idealmente progresamos de la infancia a la niñez y luego a la adultez o madurez (Efesios 4:14; Hebreos 5:14).

El crecimiento físico progresa con el paso del tiempo. ¡Usted nunca conseguirá un niño de dos años que mida dos metros! Tampoco puede apurar la madurez espiritual ya que es un asunto de tiempo. Usted crece naturalmente a una velocidad predeterminada que está atada al paso del tiempo.

El crecimiento espiritual no es una cuestión de tiempo ni de aprendizaje. Lamento informar que existen personas que han sido salvas durante años que aún son bebés inmaduros o niños en el espíritu. Esto incluye hasta las bien versadas en las Escrituras y la memorización. Su conocimiento de la Palabra no significa que sean hábiles en su aplicación.

Si el crecimiento espiritual fuera una cuestión de aprender la Escritura, los fariseos habrían sido los más maduros en los días de Jesús. Ellos podían citar los primeros cinco libros de la Biblia de memoria, sin embargo nunca reconocieron al Hijo de Dios cuando echaba fuera demonios y levantaba los muertos.

Así que ¿qué produce el crecimiento espiritual? Sólo leemos que aquellos que sufren como Cristo sufrió han alcanzado la madurez espiritual. ¿Es un asunto de sufrir? Conozco muchos que han sufrido grandemente en su caminar cristiano, sin embargo permanecen en las trincheras de la amargura y la desesperación. Estos no son espiritualmente maduros. El sufrimiento en sí mismo no produce crecimiento espiritual. La madurez se encuentra por medio de nuestra obediencia a Dios en medio del sufrimiento. Esto es lo que significa sufrir como Cristo.

Y aunque era Hijo, por lo que padeció aprendió la obediencia.

—Hebreos 5:8

El sufrimiento que Jesús experimentó fue resultado directo de Su obediencia a la voluntad de Dios. El curso o flujo de este sistema del mundo se opone directamente al reino de Dios; por lo tanto, cuando obedecemos a Dios nos movemos contra la corriente. Esto automáticamente introduce conflicto, el cual origina persecución, aflicción y tribulación.

La obediencia en medio de este conflicto causa crecimiento espiritual. Examine de nuevo las palabras de Pedro.

> Puesto que Cristo ha padecido por nosotros en la carne, vosotros también armaos del mismo pensamiento; pues quien ha padecido en la carne, terminó con el pecado, para no vivir el tiempo que resta en la carne, conforme a las concupiscencias de los hombres, sino conforme a la voluntad de Dios.
>
> —1 Pedro 4:1-2

El sufrimiento según el modelo de Cristo trae al creyente a la madurez. Este tipo de sufrimiento es causado cuando resistimos la voluntad del hombre para someternos a la de Dios.

No es el sufrimiento religioso o el dolor autoinducido y descuidado. No es morir de una enfermedad o carecer de las finanzas para pagar sus cuentas. Dios no recibe gloria por eso. Esa mentalidad en realidad ha hecho que muchos busquen una oportunidad para infligirse sufrimiento con el fin de sentirse dignos. Creen que Dios se complace si ellos mismos se hacen sufrir por Él. Esto pervierte su relación, ocasionando que se base en obras y no en gracia.

Debemos abrazar el sufrimiento que Cristo experimentó. Jesús no sufrió porque estuviera enfermo o le faltara dinero para pagar Sus cuentas. No, el sufrimiento que experimentó fue ser tentado en todas las maneras posibles y aun así permanecer obediente a Su Padre. Él "fue tentado en todo según nuestra semejanza, pero sin pecado" (Hebreos 4:15).

Enfrentamos resistencia cuando nuestro deseo y el de aquellos que tienen influencia sobre nosotros quieren ir por una dirección, pero Dios desea que sea por otra.

UNA CONFRONTACIÓN CON EL MAESTRO

Jesús y Sus discípulos habían llegado a la región de Cesarea de Filipos. Les preguntó quién pensaba que era Él. En respuesta, Pedro declaró enfáticamente que Jesús era el Cristo, el Hijo del Dios viviente. Jesús confirmó la revelación de Pedro.

Inmediatamente después, Jesús les dijo que iría a Jerusalén, sufriría muchas cosas, sería asesinado y se levantaría de nuevo. Esto perturbó a Pedro, por lo que apartó a Jesús y lo amonestó.

> Señor, ten compasión de ti; en ninguna manera esto te acontezca. Pero él, volviéndose, dijo a Pedro: ¡Quítate de delante de mí, Satanás!; me eres tropiezo, porque no pones la mira en las cosas de Dios, sino en las de los hombres.
>
> —Mateo 16:22-23

Jesús les había dicho a Sus discípulos que era la voluntad de Dios que Él sufriera, muriera y se levantara de nuevo. Sin embargo, Pedro y los demás creían que era una cuestión de tiempo antes de que Jesús estableciera Su reino (Hechos 1:6). Todos ellos habían soportado tantas dificultades para seguir a Jesús. ¿Por qué moriría ahora cuando la esperanza del reino estaba tan cerca?

Pedro estaba confundido. *¿Qué quería decir con: "Voy a morir"? ¿Qué sucederá con nosotros? ¿Qué bien podría hacer su muerte?*

Sus temores se concentraban en la autopreservación más que en la voluntad del Padre. Se había entregado a los deseos de la misma naturaleza egoísta que entró en el hombre cuando cayó. Es la voluntad autoregida la que se opone a la voluntad de Dios. Jesús aprovechó la oportunidad y utilizó el error de Pedro para enseñar a los discípulos esta poderosa verdad:

> Si alguno quiere venir en pos de mí, niéguese a sí mismo, y tome su cruz, y sígame. Porque todo el que quiera salvar su vida, la perderá; y todo el que pierda su vida por causa de mí, la hallará.
>
> —Mateo 16:24-25

La única manera de caminar con Jesús es negarse completamente a sí mismo y tomar la cruz. Esto significa morir a su propio deseo y voluntad. Esta actitud le capacita a seguir a Cristo en Su ejemplo de obediencia de cara al sufrimiento.

Sea que haya muerto a sus deseos o no, finalmente usted se encontrará en una posición en la que tendrá que escoger entre la comodidad, la ventaja, la seguridad, la autoestima o el placer y la voluntad de Dios.

DIOS NOS PRUEBA

Dios nos encamina a propósito a esos lugares donde debemos escoger entre nuestro deseo y Su voluntad. Eso es lo que llama Su prueba. En el Salmo 11:5 encontramos que: "Jehová prueba al justo". Y otra vez en el Salmo 17:3: "Tú has probado mi corazón… Me has puesto a prueba, y nada inicuo hallaste; He resuelto que mi boca no haga transgresión". Pablo lo afirma así: "Hablamos; no como para agradar a los hombres, sino a Dios, que prueba nuestros corazones" (1 Tesalonicenses 2:4).

Abraham esperó veinticinco años por el hijo prometido. Esto en sí mismo era una prueba. La mayoría de la gente no espera más de unos pocos meses por la promesa de Dios.

Después que Isaac nació, Dios esperó hasta que Abraham y él tuvieran mucha intimidad antes de darle otra prueba.

> Aconteció después de estas cosas, que probó Dios a Abraham, y le dijo: Abraham. Y él respondió: Heme aquí. Y dijo: Toma ahora tu hijo, tu único, Isaac, a quien amas, y vete a tierra de Moriah, y ofrécelo allí en holocausto sobre uno de los montes que yo te diré.
> —Génesis 22:1-2

Observe que la Escritura dice específicamente: "Probó Dios a Abraham". Isaac era más querido para Abraham que su propia vida. Sin embargo, Abraham probó su amor por Dios ofreciendo su posesión más preciosa. Abraham se levantó temprano en la mañana e hizo un viaje de tres días hasta el lugar que Dios le mostró. Ató a su hijo sobre el altar y levantó el cuchillo en obediencia a Dios. Entonces el ángel del Señor le dijo:

> No extiendas tu mano sobre el muchacho, ni le hagas nada; porque ya conozco que temes a Dios, por cuanto no me rehusaste tu hijo, tu único.
> —Génesis 22:12

JOSÉ PASÓ LA PRUEBA

Miremos de nuevo al bisnieto de Abraham, José. Dios le dio un sueño de liderazgo. Dios sabía de antemano exactamente cómo llegaría a suceder, los hermanos mayores de José se volverían contra él y lo venderían en esclavitud. El Señor no entró en pánico cuando sus hermanos celosos hicieron esta maldad. Él conoce el final desde el principio (Isaías 46:10). Dios no fue el autor de su comportamiento malvado, pero sí utilizó la oportunidad que brindaba para probar el corazón de José.

Envió un varón delante de ellos;
A José, que fue vendido por siervo.
Afligieron sus pies con grillos;
En cárcel fue puesta su persona.
Hasta la hora que se cumplió su palabra,
El dicho de Jehová le probó

—Salmos 105:17-19

José no desobedeció ni deshonró a Dios. Él creyó en el sueño pero, aun más, creyó en el Dios que lo había prometido. La promesa de Dios era tan real que José se aferró a ella en medio de la incredulidad y la adversidad. Encaró la misma tentación que sus descendientes enfrentarían más tarde en el desierto. ¿Se quejó, se sintió ofendido y amargado con Dios y sus hermanos, o aprendería la obediencia a través de lo que sufrió? Él eligió la obediencia y soportó el sufrimiento porque sabía que Dios era fiel. Al final fue grandemente recompensado por su fidelidad.

UN CORAZÓN DIFERENTE

Los descendientes de José (el pueblo de Israel) también fueron tentados numerosas veces. Pero ellos tenían un corazón diferente al de José. Una y otra vez fallaron y eligieron su propia comodidad, seguridad y placer en vez del corazón de Dios.

Primero fueron probados cuando el Faraón no les dejaba ir, aun después de haber visto los milagros. Dada la dureza del corazón de Faraón, las cosas empeoraron para ellos. Ya no fueron provistos de paja por su cuota de ladrillos. Esto significaba que después de un largo día de trabajo duro bajo el caliente sol egipcio, tenían que recoger paja en los campos por la noche. De frente a esa dificultad, se quejaron con Moisés (Éxodo 5:6-21).

Más tarde, después de señales y prodigios aun mayores, Moisés animó al pueblo a creer en la promesa divina de liberación. Pero "no escuchaban a Moisés a causa de la congoja de espíritu, y de la dura servidumbre" (Éxodo 6:9). Parecía que mientras el plan de Dios se revelaba más, peor era para los descendientes de Abraham. Estaban tan desanimados que querían olvidar su sueño de libertad y abrazar la esclavitud egipcia. La presión de sus circunstancias hizo que estuvieran más atentos a las cosas de los hombres que al plan de Dios.

Cuando salieron de Egipto, Dios les llevó exactamente al Mar Rojo donde una vez más endureció el corazón de Faraón para que les persiguiera. Ahora había un mar delante de ellos y detrás un ejército masivo esperando destrozarlos. Observe la respuesta de los israelitas.

> Dijeron a Moisés: ¿No había sepulcros en Egipto, que nos has sacado para que muramos en el desierto? ¿Por qué has hecho así con nosotros, que nos has sacado de Egipto? ¿No es esto lo que te hablamos en Egipto, diciendo: Déjanos servir a los egipcios? Porque mejor nos fuera servir a los egipcios, que morir nosotros en el desierto.
>
> —Éxodo 14:11-12

Observe las palabras "mejor nos fuera". Esta es una afirmación clave; revelaba la desobediencia de sus corazones. Les importaba más su propio ser que la voluntad de Dios. Eso es exactamente lo que Jesús le estaba diciendo a Pedro cuando afirmó: "Porque no pones la mira en las cosas de Dios, sino en las de los hombres" (Mateo 16:23). La única manera en que podemos cumplir la voluntad de Dios es poniendo nuestras vidas y confiando en su amoroso cuidado por nosotros. Si no, abortaremos Su voluntad cada vez que percibamos el sufrimiento como más difícil de lo que podamos soportar.

Aunque se quejaban, Dios liberó a los descendientes de Abraham dividiendo el Mar Rojo. Así que cruzaron sobre tierra seca y se voltearon para ver a aquellos que les oprimieron durante cuatro siglos enterrados bajo las aguas.

Después de ver todo eso, Israel cantó y danzó con gran gozo. Cuánto amor y confianza en Dios tenían ahora que lo vieron moverse tan poderosamente a su favor. ¡Nunca dudarían de Él otra vez! ¿Correcto? ¡Falso!

Apenas tres días después Dios les presentó una nueva prueba.

> Hizo Moisés que partiese Israel del Mar Rojo, y salieron al desierto de Shur; y anduvieron tres días por el desierto sin hallar agua. Y llegaron a Mara, y no pudieron beber las aguas de Mara, porque eran amargas; por eso le pusieron el nombre de Mara. Entonces el pueblo murmuró contra Moisés.
>
> —Éxodo 15:22-24

Quejarse es una forma de rebelión. Es murmurar que el camino de Dios no es el correcto, Su provisión no es lo suficientemente buena. Apenas tres días después que vieron el maravilloso poder de Dios fallaron en otra prueba. Aun así, Dios les proveyó el agua que necesitaban.

Unos días después el pueblo se quejó otra vez porque escaseaba la comida. Descontentos murmuraban acerca de lo mejor que había sido bajo la esclavitud de Israel.

Dios dijo a Moisés: "He aquí yo os haré llover pan del cielo; y el pueblo saldrá, y recogerá diariamente la porción de un día, para que yo lo pruebe si anda en mi ley, o no" (Éxodo 16:4).

Este patrón de pruebas y rebelión se repite muchas veces. Su constante rebelión hizo que nunca dejaran de ser probados. Hebreos resume la triste historia.

Por lo cual, como dice el Espíritu Santo:
Si oyereis hoy su voz,
No endurezcáis vuestros corazones,
Como en la provocación,
en el día de la tentación en el desierto,
Donde me tentaron vuestros padres; me probaron,
Y vieron mis obras cuarenta años.
A causa de lo cual me disgusté contra
esa generación,
Y dije: Siempre andan vagando en su corazón,
Y no han conocido mis caminos.

—Hebreos 3:7-10

PREPARACIÓN PARA EL REINO

"Siempre andan vagando en su corazón". Este es el comportamiento de un individuo que eleva la comodidad sobre la obediencia. Seguirán a Dios a los lugares fáciles, sólo para devolverse cuando el camino se ponga difícil. *Seguramente no es de Dios*, se dicen mientras el camino toma un giro hacia las dificultades. Sus corazones pueden saber que ese es el camino que Dios quiere para ellos, pero permiten que sus mentes les digan otra cosa, asegurando: "Dios me quiere feliz, en paz y próspero".

Escuche lo que Pablo dice a las iglesias jóvenes en Listra, Iconio y Antioquía. Él había regresado para fortalecer las almas de esos nuevos discípulos. ¿Cómo lo logró? Los exhortó con lo siguiente: "Es necesario que a través de muchas tribulaciones entremos en el reino de Dios" (Hechos 14:22). Aquellos que aman "la buena vida" cuestionarán esta afirmación, preguntando con incredulidad: "¿Se supone que eso me fortalezca?"

Observe de nuevo lo que el Espíritu Santo habló a través de Pablo a los creyentes de Tesalónica.

Nos gloriamos de vosotros en las iglesias de Dios, por vuestra paciencia y fe en todas vuestras persecuciones y tribulaciones que soportáis. Esto es demostración del justo juicio de Dios, para que seáis tenidos por dignos del reino de Dios, por el cual asimismo padecéis.

—2 Tesalonicenses 1:4-5

Este cuerpo de creyentes es aprobado por Pablo. ¿Consideraríamos hoy las dificultades como señal de una fe débil? Observe esta declaración: "Para que seáis tenidos por dignos del reino de Dios, por el cual asimismo padecéis". Tal como hizo Jesús, aprendemos la obediencia a través de lo que sufrimos. Esto nos prepara para Su reino porque el crecimiento espiritual progresa a medida que obedecemos en medio del sufrimiento. Esto se presta para entender la carta de Pablo a los creyentes filipenses.

Porque a vosotros os es concedido a causa de Cristo, no sólo que creáis en él, sino también que padezcáis por él.

—Filipenses 1:29

Fui creyente durante años antes de reconocer esta Escritura. Le había pasado por encima muchas veces porque no creía en el sufrimiento. No encajaba en mi doctrina, así que lo omitía. En mi opinión todo el que sufría o estaba en pecado o no había desarrollado su fe. ¡Qué inmaduro!

Cuando Dios abrió mis ojos a esta verdad, tuve que reírme. Pablo presenta el sufrimiento como si fuera un gran honor o promesa. "Porque a vosotros os es concedido a causa de Cristo". Se preguntará: *¿Qué bendición tan maravillosa me ha sido concedida?* Emocionado, usted continúa leyendo pero entonces descubre: "que padezcáis por él". ¿Qué quiere decir Pablo con "concedido"? ¿Eso es una promesa? ¡Parece más un reporte desalentador!

Pero en efecto, es una promesa porque somos "herederos de Dios y coherederos con Cristo, si es que padecemos juntamente con él, para que juntamente con él seamos glorificados" (Romanos 8:17). Aquellos que sufren con Él serán glorificados con Él. ¿Cómo sufrimos con Él? Pablo amplía esto en su Carta a los Colosenses.

> Ahora me gozo en lo que padezco por vosotros, y cumplo en mi carne lo que falta de las aflicciones de Cristo por su cuerpo, que es la iglesia.
>
> —Colosenses 1:24

Pablo tenía una fuerte comprensión del sufrimiento en su vida debido a la manera en que el Señor lo llamó al ministerio. Él recibió su llamado divino a través de un hombre, Ananías, que oró por él para que recibiera la vista después de su experiencia en el camino a Damasco. Se le dijo a Ananías: "Ve, porque instrumento escogido me es éste... porque yo le mostraré cuánto le es necesario padecer por mi nombre" (Hechos 9:15-16).

Dios preparó a Pablo para sufrir desde el mismo comienzo de su ministerio. El Espíritu Santo hace lo mismo por nosotros a través de Su Palabra.

> Pues para esto fuisteis llamados; porque también Cristo padeció por nosotros, dejándonos ejemplo, para que sigáis sus pisadas.
>
> —1 Pedro 2:21

ME COMPLAZCO

Usted puede entender el grito final del corazón de Pablo: "A fin de conocerle, y el poder de su resurrección, y la participación de sus padecimientos, llegando a ser semejante a él en su muerte" (Filipenses 3:10). La palabra *participación* significa "tomar parte con". Pablo anhelaba participar con Cristo en Sus sufrimientos, ya que llegó a entender que en estos hallaba intimidad con Jesús.

En sus primeros años, Pablo le pidió a Dios que le quitara una de las dificultades que estaba experimentando. Todavía tenía que entender el propósito que tenía el sufrimiento santo (2 Corintios 12:7-9). Más tarde entendió su propósito. Entonces no pidió más una vida libre de sufrimientos. "Por lo cual, por amor a Cristo me gozo en las debilidades, en afrentas, en necesidades, en persecuciones, en angustias; porque cuando soy débil, entonces soy fuerte" (2 Corintios 12:10).

Observe que dijo: "Me gozo". ¿En realidad dijo eso? Sí, él había sido atrapado más allá del interés propio y avistado la gloria más allá de la dificultad. Esa es la razón por la que pudo decirles a los romanos: "Pues tengo por cierto que las aflicciones del tiempo presente no son comparables con la gloria venidera que en nosotros ha de manifestarse" (Romanos 8:18). ¿A quienes se refiere con "nosotros"? Todo el que ha sufrido como Cristo.

Escuche esta maravillosa promesa:

> Amados, no os sorprendáis del fuego de prueba que os ha sobrevenido, como si alguna cosa extraña os aconteciese, sino gozaos por cuanto sois participantes de los padecimientos de Cristo, para que también en la revelación de su gloria os gocéis con gran alegría.
> —1 Pedro 4:12-13

Si observa con atención estos versículos, verá que mientras más grande es la prueba, más debería regocijarse proporcionalmente. Usted también observará que hasta el punto en que sufre con los sufrimientos de Cristo es que Su gloria será revelada. Esto explica por qué los discípulos se regocijaban en sus pruebas: Ellos miraban más allá de las dificultades al ámbito de la gloria.

Aquellos que se regocijan en el calor salen de este. Los que murmuran en el desierto allí mueren. Los hijos de Israel no pudieron ver más allá del desierto. Josué y Caleb vieron pasar el sufrimiento del desierto hacia la Tierra Prometida que fluía leche y miel.

Establezca en su corazón que habrá dificultades al servir al Señor. No necesitamos buscar oportunidades para sufrir. Pero mientras vivamos obedientes a Dios ellas se presentarán solas. Estamos advertidos por anticipado:

> Muchas son las aflicciones del justo.
>
> —Salmos 34:19

¡Sin embargo no hay derrota en el sufrimiento de Cristo¡ Porque el salmista continuó:

> Pero de todas ellas le librará Jehová.
>
> —Salmos 34:19

Pablo afirmó lo siguiente:

> Mas gracias sean dadas a Dios, que nos da la victoria por medio de nuestro Señor Jesucristo.
>
> —1 Corintios 15:57

ÁRMESE

Nuestra carne no será mimada a menudo mientras obedezcamos a Dios. Jesús aclaró que para seguirle, hay que negar el ser y tomar la cruz de la muerte de ese mismo ser. Observe de nuevo nuestro versículo lema para este capítulo.

Puesto que Cristo ha padecido por nosotros en la carne,
vosotros también armaos del mismo pensamiento; pues
quien ha padecido en la carne, terminó con el pecado.

—1 Pedro 4:1

¡El cristiano que no está preparado para sufrir es compa-
rable a un soldado que va a la guerra desarmado! ¿Se imagina a los Estados Unidos enviando a nuestros hombres a la
guerra sin entrenamiento ni armas? ¡Fracasarían! Los soldados desarmados son asesinados, capturados o severamente
heridos, a menos que deserten de la batalla y de su deber, sin
lograr algo. Por eso es que Pedro dijo: "Armaos".

Los cristianos que no están armados para sufrir responden a las pruebas, aflicciones y persecuciones con conmo-
ción, desconcierto o asombro. En ese estado de estupor
reaccionaran a la situación casi oponiéndose a seguir la guía
del comandante.

Permítame darle un ejemplo de uno que está armado. Una
parte crucial del entrenamiento para los pilotos de aerolíneas
ocurre con el uso de simuladores de vuelo. En esos simuladores los pilotos son confrontados con casi todas las emergencias de vuelo que pueden encarar. En la seguridad de este
escenario perfeccionan sus habilidades de respuesta hasta
que enfrenten con éxito cada situación. Esto los arma para
las emergencias. Cuando algo sucede en un vuelo real, no
entran en pánico. Responden calmadamente, con la ayuda
de su exhaustivo entrenamiento. Aunque los pasajeros pueden entrar en pánico y dar cabido al escándalo y la histeria,
el piloto permanece calmado y bajo total control.

Los investigadores que revisan las grabaciones de la caja
negra de los accidentes aéreos se asombran por la calma de
los pilotos. No hay pánico en sus voces incluso en el momento del accidente. ¡Ellos están armados!

Jesús amonestó a Pedro por estar atento a cosas de hombres. En ese tiempo Pedro no estaba armado para sufrir.

Jesús sí. Eso lo confirma Lucas 9:51: "Cuando se cumplió el tiempo en que él había de ser recibido arriba, afirmó su rostro para ir a Jerusalén". Él no sería distraído del curso de su obediencia. Era inamovible en su resolución.

Sus doce seguidores tenían una perspectiva bastante diferente. Sin duda no estaban armados para sufrir.

> Iban por el camino subiendo a Jerusalén; y Jesús iba delante, y ellos se asombraron, y le seguían con miedo. Entonces volviendo a tomar a los doce aparte, les comenzó a decir las cosas que le habían de acontecer.
>
> —Marcos 10:32

¡Estaban maravillados! ¡Asombrados! Sus pensamientos enloquecieron por el miedo: *¿Cómo puede encaminarse a Jerusalén, sabiendo lo que le espera? Puedo entender que sepa que está destinado a morir, pero no que lo acepte. Quizás sólo sea una posibilidad y no ocurra.*

Sus pensamientos fueron interrumpidos a medida que les apartaba para recordarles que iba a Jerusalén a morir. Ellos estaban asombrados y confundidos. Una vez más sus pensamientos se burlaban de ellos: *No lo entiendo. ¡Qué bien podría hacerle esto a alguien?*

Jesús fue firme en Su obediencia; los discípulos divagaban entre asombro e incertidumbre. Nuestro nivel de madurez se revela en tiempos difíciles. Cómo manejamos la persecución, la tribulación y otras formas de dificultades es una indicación de nuestro verdadero nivel de espiritualidad.

Jesús cumplió la voluntad de Su Padre, aunque no sin batallar. La noche antes de Su crucifixión, tuvo que resistir la tentación para preservarse a sí mismo. Bajo la presión de esa guerra derramó gotas de sangre (Mateo 26:36-44; Lucas 22:44; Hebreos 12:3-4). Se nos dice: "Se humilló a sí mismo, haciéndose obediente hasta la muerte, y muerte de cruz" (Filipenses 2:8). Él se humilló y por lo tanto le fue dada gracia de parte de Su Padre para soportar el sufrimiento requerido por la obediencia. Soportó la muerte más fea y espantosa conocida por la humanidad.

ÉL ES NUESTRO EJEMPLO

Si debemos seguir el ejemplo de Jesús (1 Pedro 2), tenemos que armarnos de la misma manera. Pablo lo hizo. Él compartió su armadura con sus discípulos, los ancianos de Éfeso.

> Ahora, he aquí, ligado yo en espíritu, voy a Jerusalén, sin saber lo que allá me ha de acontecer; salvo que el Espíritu Santo por todas las ciudades me da testimonio, diciendo que me esperan prisiones y tribulaciones.
> —Hechos 20:22-23

¿Cómo responderíamos nosotros a palabras proféticas de persecución, dificultad y tribulación esperándonos en cada esquina? No estoy queriendo decir que cada palabra genuina de Dios deba ser de esta naturaleza, pero se necesita equilibrio.

Mucho de nuestra predicación y de nuestras palabras proféticas han alentado una actitud errada en muchos creyentes. Nuestros mensajes han sido lindos, cómodos, felices o emocionantes. Nuestras profecías predicen prosperidad y paz, todo estará bien. Esto anima a las personas a buscar a Dios por lo que Él puede hacer por ellos. El fundamento de su amor por Él cambia de lo que Él es a lo que Él puede proveerles. Ellos buscan cumplir la profecía más que obedecer al Dios de la profecía. No están interesados en magnificar a Jesús, sea por la vida o por la muerte (Filipenses 1:20). ¡Quieren su promesa! No están armados para sufrir.

Muchas personas de las que rodeaban a Pablo le urgían a no ir a Jerusalén porque era ahí donde se había profetizado que sufriría. Sin embargo, Pablo sabía que Jerusalén era su instrucción de parte de Dios. Y declaró que iría sin importarle lo que sucediera.

> Pero de ninguna cosa hago caso, ni estimo preciosa mi vida para mí mismo, con tal que acabe mi carrera con gozo, y el ministerio que recibí del Señor Jesús, para dar testimonio del evangelio de la gracia de Dios.
>
> —Hechos 20:24

Observe que estaba armado para sufrir, y esto le dio la habilidad para finalizar su carrera con gozo. Muchos nunca comienzan ni terminan su carrera porque no están preparados o porque el camino parece demasiado difícil. Es como tratar de correr un maratón sin haberse entrenado nunca.

Algunos serán salvos, pero pasarán por el fuego primero (1 Corintios 3:15). Han elegido creer en los mensajes equivocados. Prefirieron las predicaciones que animaban su comodidad. Las lágrimas derramadas en el asiento de juicio de Cristo son extremadamente dolorosas; se derraman a la luz del conocimiento de lo que pudo haber sido si el camino de la obediencia se hubiese terminado.

Hay quienes finalizarán su carrera con gran gozo. Estos son los vencedores, venciendo por la sangre del Cordero y la palabra de su testimonio. Ellos menospreciarán sus vidas hasta la muerte (Apocalipsis 12:11).

¡Venza! Permita que ese sea su objetivo, su meta y su testimonio.

12

LAS BENDICIONES DE LA OBEDIENCIA

DIOS DA SU SANTO ESPÍRITU A AQUELLOS QUE LE OBEDECEN —HECHOS 5:32

En este punto cambiamos nuestro enfoque a las maravillosas bendiciones de la obediencia. Esto será lo más disfrutable. Sí, hay sufrimiento al obedecer a Dios, ¡pero no se compara con las bendiciones de la obediencia! Esa fue la razón por la que los prisioneros Pablo y Silas cantaban himnos en la noche (Hechos 16:25). Vieron más allá de su dificultad y vislumbraron la gloria.

Más de un libro podría escribirse sólo exponiendo los beneficios de caminar en obediencia a Dios. Como ha visto, esa no fue la dirección que Dios tenía para este libro. Aunque cubriremos algunos beneficios, usted está destinado a descubrir una multitud de ellos mediante su estudio continuo y sus experiencias en Cristo.

Creo que el mandato de Dios para esta obra era de instrucción y advertencia, instrucción sobre cómo caminar en obediencia y advertencia para evitar el engaño. La instrucción y la advertencia son más cruciales que la esquematización de los beneficios, ya que cuando usted camina en el consejo y la sabiduría de Dios, automáticamente experimenta los beneficios, aunque no esté consciente de ellos. Al contrario, usted puede conocer todos los beneficios y nunca recibirlos si no está asentado en la instrucción y la advertencia de Dios.

Aumenta nuestra fe

Unos meses antes de comenzar este libro, llegué a nuestras oficinas en el ministerio a la 5:30 a.m. para orar y leer mi Biblia. Me gusta esa hora del día porque no hay interrupciones. Abrí mi Biblia en una de las epístolas del Nuevo Testamento, pero antes de que pudiera leer una palabra, el Señor me habló: "Abre tu Biblia en Lucas 17:5". Mi emoción aumentó, porque sabía por experiencia que cada vez que Dios hacía eso me mostraba algo específico. Rápidamente salté sobre la Escritura.

> Dijeron los apóstoles al Señor: Auméntanos la fe.
>
> —Lucas 17:5

Mis pensamientos se volcaron de inmediato a estas líneas: *Ok, Dios me va a hablar de la fe.* Había leído ese pasaje varias veces y hasta había predicado sobre él. Sabía lo que venía en los próximos versículos. Todavía había cierta emoción mientras continuaba, buscando el tesoro escondido en cada línea. Me sorprendió hallar que Dios no me estaba hablando acerca de la fe en absoluto sino sobre el sujeto de la obediencia.

Continúe conmigo:

> Entonces el Señor dijo: Si tuvierais fe como un grano de mostaza, podríais decir a este sicómoro: Desarráigate, y plántate en el mar; y os obedecería.
>
> —Lucas 17:6

Esto ilustra que la fe es dada a cada uno de los creyentes como una semilla de mostaza. Es el principio del reino acerca del tiempo de la siembra y la cosecha. "Así es el reino de Dios, como cuando un hombre echa semilla en la tierra" (Marcos 4:26). Cuando fuimos salvados se nos dio una medida de fe (Romanos 12:3). Esta fe es en forma de semilla.

Los apóstoles le pidieron al Señor que aumentara su fe. Pero a partir de lo que estaba a punto de enseñarles aprendemos que es nuestra responsabilidad aumentar nuestra fe. Escuche esta parábola que Él utiliza para explicar cómo aumentar nuestra fe:

> ¿Quién de vosotros, teniendo un siervo que ara o apacienta ganado, al volver él del campo, luego le dice: Pasa, siéntate a la mesa? ¿No le dice más bien: Prepárame la cena, cíñete, y sírveme hasta que haya comido y bebido; y después de esto, come y bebe tú? ¿Acaso da gracias al siervo porque hizo lo que se le había mandado? Pienso que no.
>
> —Lucas 17:7-9

Esta parábola siempre me intrigó. ¿Por qué Jesús compararía la fe con una semilla de mostaza y con un sirviente que ara, apacienta el ganado y hace la cena para su maestro? No lo entendí hasta esa mañana que Dios me lo reveló en mi oficina.

Primero, recordemos qué pregunta está respondiendo con esa parábola. Podríamos parafrasearla así: "¿Cómo aumentamos esta semilla de fe?" Luego, examine el enfoque principal de la parábola. Representa la obediencia de un siervo a su maestro. Refiriéndose a las acciones del siervo Jesús dijo: "Él hizo las cosas que se le habían ordenado".

Un siervo es responsable de llevar a cabo completamente la voluntad de su amo, no sólo una porción o una muestra de ella. Eso significa realizar una tarea de principio a fin. ¿Con cuánta frecuencia muchas personas comienzan un proyecto o asignación para nunca terminarlo porque perdieron interés o porque el trabajo y el sufrimiento se volvieron demasiado intensos? El siervo verdadero y fiel termina su proyecto. No sólo trabaja los campos, sino que también trae el fruto de su labor a su maestro y prepara la comida. Esto es verdadera obediencia.

Recordemos dos puntos muy importantes.

1. Debemos crecer espiritualmente en la gracia de Dios.
2. ¡Crecemos mediante la obediencia!

Así que ¿cómo crece esa semilla de fe en nuestros corazones? A este punto tal vez conozca la respuesta, por la obediencia; no obediencia parcial u ocasional sino ejecutada fiel y diligentemente.

Observe con atención lo que Jesús siguió diciendo.

> Así también vosotros, cuando hayáis hecho todo lo que os ha sido ordenado, decid: Siervos inútiles somos, pues lo que debíamos hacer, hicimos.
>
> —Lucas 17:10

Su respuesta destaca dos aspectos de la fe que aumenta. Primero, obediencia hasta el final; "cuando hayáis hecho todo lo que os ha sido ordenado". Segundo, humildad hacia Dios: "Siervos inútiles somos, pues lo que debíamos hacer, hicimos". La obediencia no es tal cosa hasta que terminemos todo lo que se nos ha dicho. Además, nuestra postura de humildad nos mantiene en Su gracia. Ambas cosas propician una atmósfera para que la fe crezca. Jesús utilizó está parábola para explicar que la fe aumenta a medida que nos sometemos a la autoridad de Dios. Mientras más grande nuestra sumisión a Él, ¡Mayor es nuestra fe!

Jesús está enseñándoles a Sus discípulos: "Persigan la verdadera humildad, la cual les mantendrá en la gracia de Dios. Esa gracia les dará la habilidad para caminar en obediencia.

Al someterse a la autoridad de Dios y caminar en completa obediencia su fe aumentará".

GRAN FE

Luego el Espíritu Santo me recordó al centurión romano que vino a Jesús por ayuda (Mateo 8). Rápidamente volví a mi Biblia para leer de nuevo ese relato. Mientras Jesús entraba a Capernaum, un centurión vino a Él, rogando que Jesús sanara a su siervo que estaba en casa en cama, paralizado y atormentado por el dolor.

"Sí," dijo Jesús, "Iré y le sanaré".

Pero el centurión le retuvo diciendo: "Señor, no soy digno de que entres bajo mi techo. Pero sólo di una palabra y mi siervo será sano". Ahora lea con cuidado por qué ese soldado podía decirle aquello a Jesús.

> Porque también yo soy hombre bajo autoridad, y tengo bajo mis órdenes soldados; y digo a éste: Ve, y va; y al otro: Ven, y viene; y a mi siervo: Haz esto, y lo hace.
>
> —Mateo 8:9

Este soldado romano tenía mayor entendimiento de la autoridad y de la obediencia que la mayoría. Sabía que a aquellos que se someten a la autoridad podía confiárseles autoridad. Le estaba diciendo a Jesús: "Reconozco que eres un hombre bajo la autoridad de Dios, tal como yo lo estoy bajo la autoridad gobernadora de mi comandante. Dado que obedezco a mi superior, se me ha confiado a aquellos bajo mi autoridad. Por lo tanto, no tengo sino que decir una palabra, y los soldados debajo de mí obedecen instantáneamente".

Él entendía la fuente de la autoridad de Jesús. Reconocía que la autoridad de Jesús provenía de Dios. Sabía que Jesús estaba totalmente sometido al Padre. Sabía que eso significaba que todo lo que Jesús necesitaba hacer era decir una palabra y los demonios que atormentaban a su siervo tenían que obedecer. Observe la respuesta de Jesús al entendimiento de este hombre acerca de la sujeción a la autoridad.

> Al oírlo Jesús, se maravilló, y dijo a los que le seguían: De cierto os digo, que ni aun en Israel he hallado tanta fe.
>
> —Mateo 8:10

Fíjese que Jesús vinculó directamente la fe con la sumisión. Este soldado romano mostraba más fe que cualquiera en Israel por causa de su honor, respeto, y sumisión a la autoridad.

El centurión afirmó: "Todo lo que tienes que hacer es decir una palabra y el atormentador se irá". Ahora ate esto con lo que Jesús les dijo a los discípulos que deseaban que aumentara su fe: "Si tuvierais fe como un grano de mostaza, podríais decir a este sicómoro: Desarráigate, y plántate en el mar; y os obedecería" (Lucas 17:6). Observe que Jesús declaró que todo lo que usted tiene que hacer es decir una palabra y el árbol ¡le obedecerá! ¿A quién obedecerá ese árbol sicómoro? A aquel que "haya hecho todo lo que le ha sido ordenado" (Lucas 17:9-10).

He observado creyentes insubordinados a la autoridad de Dios pasando por momentos difíciles. Apenas sobreviven o pelean por sobrevivir, no sólo en las finanzas sino en todas las áreas: su matrimonio, sus hijos, su andar cristiano, entre otros. Hablan bien y hasta oran con fervor, sin embargo en lo profundo se preguntan por qué su fe no es más fuerte. Es evidente que es débil porque temen someterse a la autoridad de Dios.

También he sido testigo de creyentes sometidos que poseían una fe sencilla pero grande. Usualmente no se destacan, ya que son humildes. Sin embargo sus palabras resuenan con la autoridad del cielo, y cuando las cosas se ponen difíciles, ellos resplandecen.

Dios se revela al obediente

Se nos pide que vivamos por fe, ya que "sin fe es imposible agradar a Dios... Porque por ella alcanzaron buen testimonio los antiguos" (Hebreos 11:6,2). Tal como esos antiguos, recibimos las promesas de Dios a través de la fe y la paciencia (Hebreos 6:12). Mientras más grande sea nuestra fe, más grande será la capacidad para que recibamos las promesas de Dios. Nuestra fe aumenta a medida que nuestra obediencia avanza. Vemos esto en la vida de Abraham.

> Por la fe Abraham, cuando fue probado, ofreció a Isaac; y el que había recibido las promesas ofrecía su unigénito.
>
> —Hebreos 11:17

La obediencia de Abraham era completa. Él no se veía desobedeciendo la orden divina. Así que no postergó su viaje sino que se levantó temprano en la mañana, después de recibir la orden. Emprendió una travesía difícil de tres días hasta el lugar señalado por Dios. Luego ató a su hijo y levantó su cuchillo, listo para sacrificar su tan esperada promesa.

Mientras meditaba al respecto, Dios me habló: "¡No pongas a Ismael sobre el altar!" Ismael era el hijo que Abraham concibió con la criada de Sara, aunque el Señor había dicho antes que Sara sería la única en llevar el hijo prometido a Abraham. Ismael representa lo que usted ha logrado con su propia fuerza. Es nuestro intento por obligar a que la promesa de Dios ocurra. Isaac representa la promesa de Dios, la que usted ha esperado y anhelado. Dios no nos pedirá nuestro Ismael sino nuestro Isaac al probar nuestra obediencia.

Después que el ángel del Señor impidió a Abraham que sacrificara a su hijo, observe lo que sucede como resultado de su obediencia:

> Entonces alzó Abraham sus ojos y miró, y he aquí a sus espaldas un carnero trabado en un zarzal por sus cuernos; y fue Abraham y tomó el carnero, y lo ofreció en holocausto en lugar de su hijo. Y llamó Abraham el nombre de aquel lugar, Jehová proveerá. Por tanto se dice hoy: En el monte de Jehová será provisto.
>
> —Génesis 22:13-14

Dios se reveló a sí mismo en una nueva manera a Abraham, *Jehová-Jireh*. Abraham fue el primero en recibir esta revelación del carácter de Dios, que significa: "Jehová ve".

Dios no se le reveló a Abraham como "Jehová ve" hasta que aquel pasó la prueba de la obediencia. Hay muchos que proclaman conocer las diferentes características de la naturaleza de Dios, sin embargo nunca han experimentado obedecerle en lugares difíciles. Pueden cantar: "Jehová Jireh, mi proveedor," pero esa es una canción que sale de sus cabezas, no de sus corazones. Tienen todavía que arriesgarse a los lugares duros y áridos donde Él se revela.

Abraham no sólo recibió una revelación fresca de la naturaleza de Dios sino que también aseguró, por su obediencia, la promesa que Dios le hizo.

Después que pasó su prueba Dios le dijo:

> En tu simiente serán benditas todas las naciones de la tierra, por cuanto obedeciste a mi voz.
>
> —Génesis 22:18

Este es un resultado bastante diferente que el que experimentaron sus descendientes que murieron en el desierto. A ellos también se les dio una promesa, pero nunca la recibieron debido a sus corazones insubordinados.

Una prueba de obediencia

Entré al ministerio a tiempo completo en 1983, dejando atrás una buena posición como ingeniero mecánico con Rockwell Internacional para servir en el ministerio de ayudas en una iglesia grande. Una función de mi trabajo era transportar a los oradores invitados y cuidar de sus necesidades.

Fue un paso de obediencia y vimos la bendición de Dios en ello. Era evidente que nos habíamos movido a un nuevo nivel de fe en el que no habíamos caminado antes. A ese nivel encontré dones de habilidades y sabiduría que no poseí anteriormente.

El segundo mes en ese cargo, disfruté el honor de transportar a un gran evangelista internacional que ha visto a millones de salvados por todas las naciones del mundo. Inmediatamente nos hicimos amigos cercanos. Él me dio el número de teléfono de su casa y me alentó a llamarlo en cualquier momento, así que durante los próximos cuatro años me mantuve en contacto con él.

Él venía a la iglesia una o dos veces al año, e intercambiábamos cartas y llamadas de teléfono. Teníamos la misma estatura física, y él me dio un vestuario completo de su ropa. Nos invitó a visitarle a él y a su esposa en cualquier momento. Parecía que nos habíamos acercado.

Yo sabía que estaba llamado a predicar el evangelio a las naciones del mundo. Esa fue una de las promesas de Dios para mí. Mientras transcurría el tiempo, mi deseo de trabajar para ese hombre crecía. Mientras más tiempo pasaba con él, más quería servirle. Con frecuencia se me acercaban otros creyentes que me decían: "Creo que trabajarás para ese hombre algún día". Eso siempre me emocionaba mucho, ya que era el deseo que ya ardía en mi corazón. Estaba seguro de que eso sería la manera de Dios cumplir Su promesa de que yo predicaría el evangelio a las naciones. Pero con el tiempo seguí siendo un chofer de auto con grandes sueños dados por Dios.

Después que trabajé durante cuatro años en ese cargo, compartí con mi pastor y su esposa que sentía que Dios nos estaba preparando para un cambio. Nos apoyaron, y también nos dieron la libertad de trabajar para ellos por el tiempo que yo quisiera.

Ocho horas después de nuestra reunión, el evangelista internacional llamó a mi casa. Nos pidió que Lisa y yo fuéramos y supervisáramos una iglesia local y una escuela bíblica que él estaba comenzando. Me dijo: "John, ¿puedes ver la visión? Tú comenzarás la iglesia aquí en los Estados Unidos y luego iniciarás otras como ella por todo el mundo donde mi esposa y yo hallamos predicado".

Cuando colgué el teléfono después de nuestra charla de dos horas, estaba tan emocionado que casi golpeaba el techo. Salí a pensar y a digerir todo lo que acababa de suceder. Era demasiado bueno para creerlo. Mientras caminaba afuera, noté un sentimiento incómodo en lo profundo de mi corazón. Pensé: *Dios, no puedes estar diciendo que no.* No podía creer lo que estaba sucediendo, así que traté de sacudírmelo.

Pero la señal en mi espíritu no se fue. Luché con ella durante tres días, razonando que no podía ser de Dios. Finalmente frustrado hice algo ignorante; pensando que era posible que yo estuviera peleando con el enemigo, grité: "Voy a trabajar con él en el nombre de Jesús". La señal incómoda en mi espíritu se fue.

Tres semanas después, viajamos a las oficinas centrales y nos entrevistamos durante cinco horas. Aceptamos el cargo y nos presentaron a su personal durante su banquete de Navidad. El salario estaba determinado y teníamos un lugar para vivir.

Regresé a Dallas, renuncié a mi cargo y preparé nuestra mudanza. Pero apenas tres semanas antes de que nos fuéramos, el testigo incómodo en mi espíritu volvió. Gracias a Dios por su misericordia.

Volamos de nuevo a sus oficinas. Esta vez todo fue diferente. La reunión fue tensa e incómoda para todos. Juntos concluimos que no era la voluntad de Dios. Nos dijimos adiós, y me fui, sabiendo que había obedecido a Dios. Pero me sentía vacío y desconcertado. Ya no tenía el sueño que me había animado.

Durante las próximas semanas lloré con frecuencia mientras oraba. Confundido, una mañana clamé a Dios: ¿Por qué me pediste que pusiera el sueño que me diste sobre el altar?"

Dios me respondió al instante: "Quería saber si estabas sirviendo al sueño o a mí". De inmediato mi tristeza se fue. En ese momento muchas preguntas fueron contestadas. Ahora entendía. Más tarde Dios me mostró que había pasado una prueba.

Unos meses más tarde otro reconocido pastor internacional me pidió que me uniera al personal de su iglesia. Quería que yo supervisara a sus jóvenes. Casi me reí mientras pensaba: *He declinado la más grande oportunidad que pude haber imaginado, y ahora me ofrecen este cargo nacional.* (Es terrible, pero fue lo que pensé. Desesperadamente busqué una señal en mi espíritu pero lo único que conseguí fue paz.)

Sabía que era Dios, y acepté el cargo dos días después. Tan pronto como acepté el llamado para ir, el gozo y la vida florecieron en mi alma. Empacamos todo y nos mudamos.

En nuestro primer servicio dominical el pastor anunció mi llegada al personal y me invitaron a hablar ante la congregación.

Antes de mudarme, había anhelado predicar aunque no era muy bueno en eso. De hecho, apenas el año anterior se me había perdido una cinta de una de mis series de enseñanza de una clase de escuela dominical y quería remplazarla, así que le pedí a mi esposa y a su amiga que fueran mi congregación en nuestra sala mientras yo la grababa de nuevo. A mitad del mensaje, ambas cayeron dormidas. Recordar aquello es gracioso. Me frustré tanto que quería despertarlas, pero no podía porque estaba grabando el mensaje. Prediqué la última mitad de mi mensaje a dos mujeres dormidas.

Ahora me iba a parar frente a unos cuantos miles. Mi esposa oró: "Dios, por favor, no dejes que John dé pena". (Me lo dijo después.)

Cuando tomé el micrófono, el Espíritu de Dios vino sobre mí, y en treinta segundos la congregación completa estaba de pie, enloquecida. Sabía que mis palabras no eran mías, y sentí una autoridad que nunca antes conocí. Por primera vez sentí el poder en las palabras que hablaba. Sentía una llama quemándome por dentro.

Cuando me senté la gente siguió gritando. Estaba temblando bajo la influencia de la presencia de Dios. Eso siguió durante algunos minutos. Mi esposa me miró incrédula y me dijo: "¿Qué te sucedió?" ¡No eres el mismo hombre! Aquello sucedió de nuevo cuando me levanté a hablar en el segundo servicio dominical.

El grupo juvenil creció de 60 a 250 jóvenes en una semana. Yo estaba predicando como un hombre nuevo. Mi esposa lo describe de esta manera: "Cuando cruzaste el límite estatal a nuestro nuevo hogar, te convertiste en un hombre diferente".

La fe y la unción sobre mi vida aumentaron debido a mi obediencia. Creo que si hubiese ido a trabajar con el primer ministro internacional, no me habría levantado en fe, unción y autoridad hasta el nivel espiritual que alcancé como pastor de jóvenes. Debemos recordar: Dios da Su Santo Espíritu a aquellos que le obedecen (Hechos 5:32).

DIOS SACA ADELANTE SUS PROMESAS

Crecí más en los siguientes dos años en ese cargo que en los ocho anteriores. Año y medio más tarde mi pastor tuvo una visión que compartió con los once ministros de su equipo. La visión incluía tres mensajes: uno tenía que ver con los Estados Unidos; otro con nuestra iglesia local; y el último con uno de sus pastores.

Nos dijo la porción que se refería a los Estados Unidos y a la iglesia local y luego dijo: "Dios me ha mostrado que uno de ustedes no va a estar en nuestro equipo por mucho más tiempo. Viajará a tiempo completo. Ese pastor eres tú, John Bevere".

Mientras hablaba, el Espíritu de Dios vino sobre mí, y lloré. Me dijo: "No sé cuándo sucederá; todo lo que sé es que sucederá".

Seis meses después, en agosto de 1989, recibí siete invitaciones de todas partes de los Estados Unidos para predicar en el mismo período de tiempo de tres semanas. Hice una cita para compartirlo con mi pastor en jefe. "¿Qué hago con esto?" pregunté.

Se rio y dijo: "Yo lo profeticé, me parece que te vas". Él y yo planificamos mi partida para finales del año.

Durante los próximos tres meses dos hombres diferentes de una nación extranjera en dos momentos distintos me llamaron y profetizaron lo que Dios estaba preparando para mí. Ellos no me conocían ni sabían lo sucedido en los últimos nueve meses. Es más, los jóvenes lo escucharon por primera vez en uno de esos servicios.

Mi pastor, mi esposa y yo estábamos asombrados de cómo el Espíritu de Dios confirmaba lo que estaba haciendo.

Un mes antes mi salario se detuvo, y me preocupé un poco. Sólo tenía dos nuevas invitaciones a ministrar (habiendo ido ya a las siete reuniones que me invitaron), una a principios de enero y la otra a finales de febrero. Teníamos muy poco dinero, ni siquiera un tercio del pago de nuestra casa por un mes. Mi pastor me había bendecido con una carta de recomendación y las direcciones de seiscientos pastores. Y me alentó: "Haz lo que quieras con esto".

Dirigí varios sobres cuando de repente el Espíritu de Dios me preguntó: "¿Qué estás haciendo?"

Respondí: "Estoy dando a conocer a las iglesias que estoy disponible".

Él me dijo: "Te saldrás de mi voluntad".

Respondí: "¡Pero nadie me conoce fuera de aquí!"

Él dijo: "Yo te conozco, confía en mí".

Arrojé los sobres. Mientras escribo este libro, siete años después, todavía viajamos a tiempo completo. Nunca nos ha faltado un centavo o un lugar donde predicar. Nunca hemos tenido que enviar sobres rogando apoyo financiero. Aunque algunas veces he estado apretado, Dios siempre ha sido fiel. Él me ha llevado a más de treinta estados y varias naciones. ¡Dios es fiel a Su promesa!

Dios continúa cumpliendo Su promesa. Siempre es a Su manera. Con cada paso de obediencia viene un nuevo nivel de fe. La obediencia a nuestro Padre es el único camino a tomar por las siguientes razones:

1. Lo honra con la gloria que Él se merece.
2. Las vidas de las personas son realmente cambiadas.
3. Obedecer Su voluntad aumenta la fe y desarrolla el carácter.
4. Es la única fuente de vida, gozo y paz.
5. Nos espera una recompensa eterna por nuestra obediencia.

Porque es necesario que todos nosotros comparezcamos ante el tribunal de Cristo, para que cada uno reciba según lo que haya hecho mientras estaba en el cuerpo, sea bueno o sea malo.

—2 Corintios 5:10

Este juicio no es de pecadores sino de creyentes. Observe que Pablo dice: "bueno o malo". Para aquellos que obedecen la voluntad de Dios: "Si la obra de alguno se quemare, él sufrirá pérdida, si bien él mismo será salvo, aunque así como por fuego" (1 Corintios 3:13-14).

Nuestro Dios es fuego consumidor (Hebreos 12:29). Él es quien prueba cada una de nuestras obras. El fuego arderá y destruirá la que no resista. Y purificará y refinará la que valga. Nuestros motivos, intenciones y tareas serán revelados bajo Su gloriosa luz. Los que hayan obedecido con un corazón puro serán recompensados. Por otra parte:

Si la obra de alguno se quemare, él sufrirá pérdida, si bien él mismo será salvo, aunque así como por fuego.

—1 Corintios 3:15

La manera en que pasaremos la eternidad está determinada por nuestra sumisión a Su autoridad aquí. Nada más importa, excepto vivir una vida de obediencia a Su voluntad.

Por lo cual, hermanos, tanto más procurad hacer firme vuestra vocación y elección; porque haciendo estas cosas, no caeréis jamás. Porque de esta manera os será otorgada amplia y generosa entrada en el reino eterno de nuestro Señor y Salvador Jesucristo.

—2 Pedro 1:10-11

Los sabios resplandecerán con el brillo de la bóveda celeste; los que instruyen a las multitudes en el camino de la justicia brillarán como las estrellas por toda la eternidad.

—Daniel 12:3 NVI

Que la gracia de nuestro Señor Jesucristo sea con usted ahora y siempre.

EPÍLOGO

Cuando el Señor me dio en oración por primera vez el título para la primera edición de este libro, *La puerta del diablo*, no entendí completamente lo que significaba. Más tarde mientras escribía, descubrí cómo Dios le advirtió a Caín que el pecado acechaba a su puerta (Génesis 4—7). De repente el título tuvo sentido.

El pensamiento final que quisiera dejar con usted es con respecto a esa puerta. Podemos elegir una de cuatro respuestas cuando el pecado llega a tocar.

1. La desobediencia evidente

Escuche las Escrituras:

Algunos moraban en tinieblas y sombra de muerte, aprisionados en aflicción y en hierros, por cuanto fueron rebeldes a las palabras de Jehová, y aborrecieron el consejo del Altísimo.

—Salmos 107:10-11

Pero te provocaron a ira, y se rebelaron contra ti, y echaron tu ley tras sus espaldas, y mataron a tus profetas que protestaban contra ellos para convertirlos a ti, e hicieron grandes abominaciones. Entonces los entregaste en mano de sus enemigos, los cuales los afligieron. Pero en el tiempo de su tribulación clamaron a ti, y tú desde los cielos los oíste; y según tu gran misericordia les enviaste libertadores para que los salvasen de mano de sus enemigos.

—Nehemías 9:26-27

¡El camino de la desobediencia es duro!

2. Razonar la desobediencia

Los entregó en poder de las naciones, y se enseñorea-
ron de ellos los que les aborrecían. Sus enemigos los
oprimieron, y fueron quebrantados debajo de su mano.
Muchas veces los libró; *mas ellos se rebelaron contra
su consejo*, y fueron humillados por su maldad.
—Salmos 106:41-43, énfasis agregado

Este pronunciamiento estuvo precedido por una larga lista de ocasiones en que Israel se rebeló, incluyendo la vez que
Saúl se quedó con el ganado de un pueblo conquistado, aunque Dios le había dicho que destruyera toda cosa viviente.
(Ver 1 Samuel 15.) "Se rebelaron contra su consejo," dice
la Escritura. Ellos razonaron en su proceso de pensamiento hasta que encontraron justificación en la desobediencia.
Su razonamiento les costó un precio alto, razón por la cual
somos amonestados:

Porque las armas de nuestra milicia no son carnales, sino
poderosas en Dios para la destrucción de fortalezas...

¿Cuáles son esas fortalezas?

Derribando argumentos y toda altivez que se levanta contra el conocimiento de Dios, y llevando cautivo todo pensamiento a la obediencia a Cristo (el Mesías, el Ungido).
—2 Corintios 10:4-5

Por la vía del razonamiento, Eva comió la fruta del árbol
del conocimiento del bien y del mal. Esta línea falsa de razonamiento ha perturbado a la humanidad desde entonces.

3. Obediencia con mala actitud

Si quisiereis y oyereis, comeréis el bien de la tierra.
—Isaías 1:19

El esclavo obedece pero usualmente sin un corazón dispuesto. Existe una rebelión pasiva en su obediencia. Si las cosas fueran a su manera, él no obedecería. Balaam obedeció la voz de Dios, pero su corazón anhelaba recibir la bendición de Balac. Esta rebelión pasiva finalmente fue expuesta.

4. Obediencia con un corazón dispuesto

A diferencia del esclavo, el siervo obedece con un corazón dispuesto. Sólo aquellos que son obedientes y poseen una actitud dispuesta comen el bien de la tierra.

> Si oyeren, y le sirvieren, acabarán sus días en bienestar,
> y sus años en dicha.
>
> —Job 36:11

¡Qué clase de promesa! Sin embargo la prosperidad y el placer del que habla supera el tipo que busca el mundo.

> Por la fe Moisés, hecho ya grande, rehusó llamarse hijo de la hija de Faraón, escogiendo antes ser maltratado con el pueblo de Dios, que gozar de los deleites temporales del pecado, teniendo por mayores riquezas el vituperio de Cristo que los tesoros de los egipcios; porque tenía puesta la mirada en el galardón. Por la fe dejó a Egipto, no temiendo la ira del rey; porque se sostuvo como viendo al Invisible.
>
> —Hebreos 11:24-27

Hasta la Escritura reconoce que existe una sensación de placer en el pecado, pero es efímero y transitorio. La prosperidad y el placer que el mundo busca son egoístas o autogratificantes y por lo tanto sólo duran un momento en el rango de la eternidad. Pero la prosperidad y los placeres disfrutados por los hijos obedientes de Dios son para el presente y todavía duran y se expanden a la eternidad. No pueden ser quitados por el hombre ya que son dados por Dios.

Dios también prometió que mientras cumplíamos nuestra obediencia al derribar todo razonamiento y pensamientos que se exalten a sí mismos contra nuestra obediencia a Dios, que estaríamos equipados y listos para castigar toda desobediencia (2 Corintios 10:3-6). En otras palabras, nuestra autoridad contra el enemigo aumentará. ¡Gloria a Dios!

Es mi esperanza y oración que haya desarrollado ahora un apetito por obedecer a Dios. Usted será decepcionado por todo excepto por Su perfecta voluntad. En conclusión me gustaría orar con usted y ponerme de acuerdo para ver a Jesús glorificado en su vida y familia.

Padre, en el nombre de Jesús, gracias por tu verdad y palabra revelada en este libro. Acojo tu sabiduría y le doy la bienvenida a mi corazón. Permíteme no sólo entender sino también capacitarme para vivir esta vida a la que me has llamado. Bajo tu gracia me humillo y reconozco a Jesucristo como más que mi Salvador también como mi Señor y Maestro. Dame tu gracia para vivir una vida obediente. Que por esta gracia puede amarte, temerte y servirte más a la perfección. Que tu sola voluntad se levante en mi vida y no la mía ni la de otro. Mantenme fuerte para que pueda ser hallado sin culpa cuando me pare delante de ti. Glorifica tu nombre en mi vida, familia e iglesia. Gracias Señor, por tu fidelidad. Amén.

Y a aquel que es poderoso para guardaros sin caída, y presentaros sin mancha delante de su gloria con gran alegría, al único y sabio Dios, nuestro Salvador, sea gloria y majestad, imperio y potencia, ahora y por todos los siglos. Amén.

—Judas 24-25

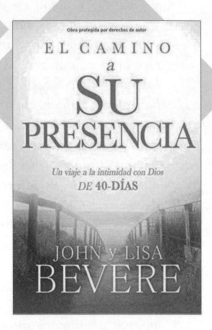
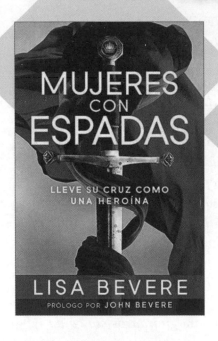

Te invitamos a que visites nuestra página web, donde podrás apreciar la pasión por la publicación de libros y Biblias:

www.casacreacion.com

f @CASACREACION

🐦 @CASACREACION

📷 @CASACREACION

Para vivir la Palabra